Ryosuke
KIKUCHI
Carp
33

33

Ryosuke 33
Carp

SAKAMOTO
6

3
NAKATA
13

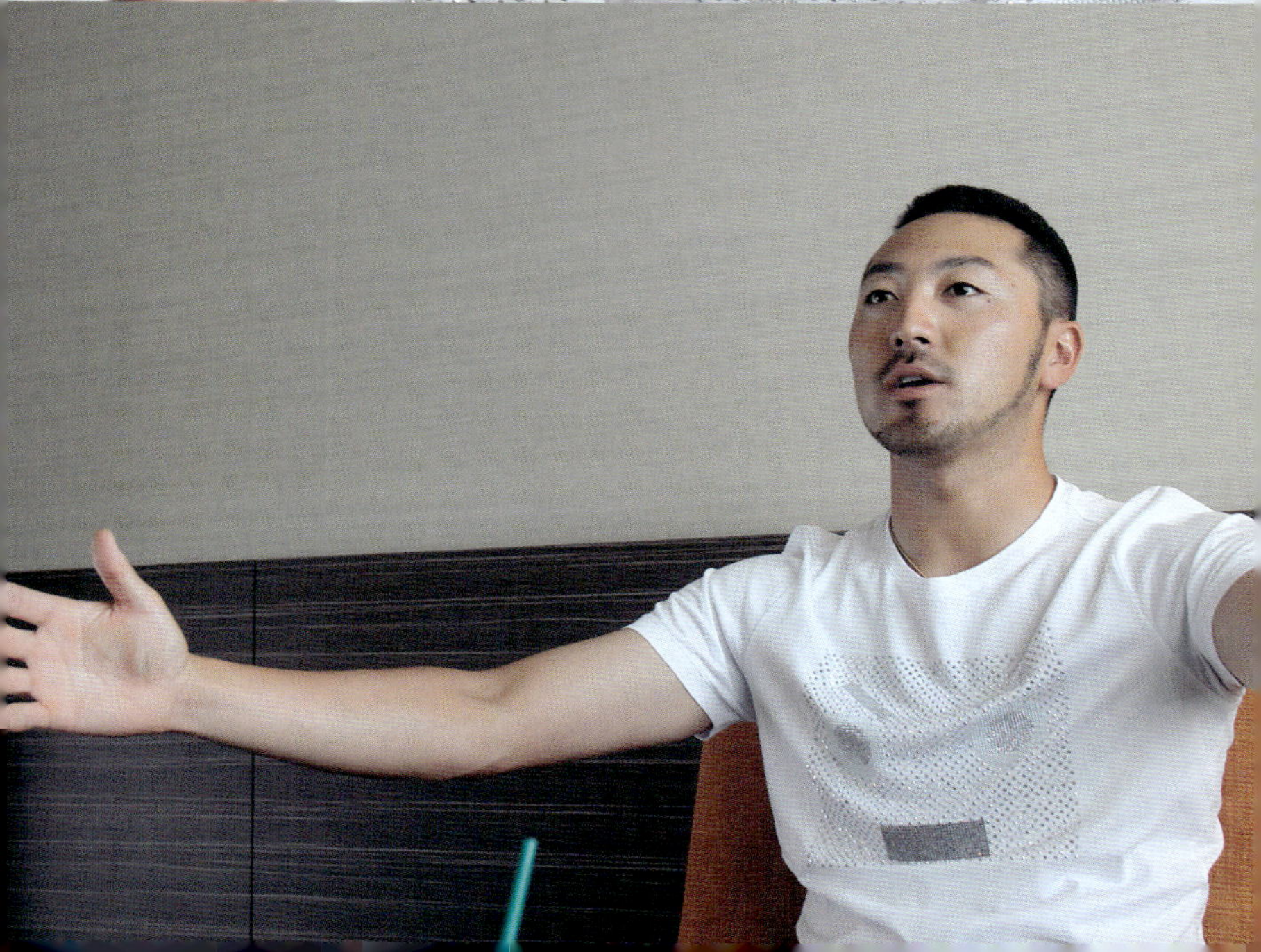

Carp
33

Professional Bible

異次元へ

型破りの守備・攻撃&メンタル追求バイブル

菊池涼介 著

廣済堂出版

はじめに

僕が広島東洋カープに入団したのは、２０１２年のことだ。

決してエリート街道を歩いてきたわけではない僕にとって、プロ野球は「レベルが高い」と感じるどころではなく、もはや「知らない」世界だった。

今は僕のプレーを「異次元」とか「規格外」とかと評してもらっているけれど、それこそ異次元に来たような感覚だった。入団したときの監督である野村謙二郎さんから、すぐに、「お前は、野球を知らずに入ってきた」と言われたことは、今でも覚えている。新しいことを始めるとき、環境がそれまでと変わったとき、多くの人が不安や心配をいだくと思うが、僕も最初は先を見通すことができなかった。

しかし、謙二郎さんをはじめ、出会った多くのコーチの方々に基本から1つひとつ熱心に教えていただいて成長させてもらい、6年間やってくることができた。初めのうちはそんな余裕はなかったけれど、僕は違うと思えば遠慮せずに自分の考えを伝える性格だから、教える側をてこずらせてしまうときもあったかもしれない。

でも、考えの違いを口にするのを恐れるよりも、自分自身を失うほうが怖《こわ》い。そんなだから、アマチュア時代からコーチと衝突することもたびたびあったが、みんながみんな同じ考えなんてありえないし、どちらかが絶対的に正しいということもないと思う。

意見をぶつけ合ったからこそ、それぞれの考えが膨《ふく》らんだり、可能性も広がったりする。カープの仲間にもいるけれど、自分の意見を言うのが得意ではないという人は、ちょっと思考を変えてみてもいいのではないかと感じる。僕の場合は「雨降って地固まる」ではないが、結局、ぶつかった相手とは、それ以前よりも良好な関係を築けているからだ。

ここまでの道のりの中では、プロ野球人生を左右したであろう大きな転機もあったし、苦い経験も何度もしてきた。ことの大きい、小さい、数の多さ、少なさの違いはあるにせよ、そうした場面は誰もが遭遇することなのだろう。そして、その局面をどう生かすかで、のちの自分が大きく変わっていくのだと思う。

まだまだ未熟な面も多い僕だが、カープでレギュラーを任せてもらえるようになり、日本球界の威信をかけて世界一奪還を狙《ねら》った17年の第4回WBC（ワールド・ベースボール・クラシック）には、侍ジャパン（日本代表）の一員として出場できた。悲願の金メダル獲得を目指す20年の東京オリンピックに向けて初めてフル代表で臨んだ18年3月のオーストラリアとの強化試合でも、メンバー入りすることができた。

今なら、自分が培《つちか》ってきた技術や感覚に加え、野球を通じた経験、学んだこと、考え方がみなさんの参考になるかもしれない。そう思い、この本を出させていただくことにした。独特な部分もあるだろうが、僕が持つ「常識にとらわれない思考」や、実践している「目標達成のためのメソッド」「笑顔を信条とするメンタル術」などが、みなさんの役に少しでも立てればうれしい。メディアでよく取り上げていただく守備だけでなく、バッティング、走塁面も含めた実用的な秘訣を、最近のエピソードや今の自分の考えを絡《から》めながら解説。そして、野球観や人生観などのちょっとした信念・哲学めいたことも余すことなく綴《つづ》らせてもらった。「異次元」「規格外」などと言われたりもする僕が、今までどんなことをしてきて、なにを追い求めているのか、理解してもらえるのではないかと思う。

野球を頑張っている球児たちのスキルアップへのヒントになればうれしいし、野球がもっと好きになる、もっと楽しくなるきっかけの1つになってほしいとも願っている。僕の考え方が、みなさんの日常や人生の中でも、なにかのお役に立てるかもしれない。

また、これだけカープが注目してもらえるようになった現在だけに、「チームという組織がどうやって強くなっていったのか?」という観点からも、僕なりにその過程を振り返ってみた。

僕の入団前、カープは1998年から14年連続Bクラスに甘んじていた。プロ1年目の12年も、4位に終わった。それが16年には、91年以来となるセ・リーグ制覇、翌17年には、37年ぶりとなる連覇を果たす集団へと変貌《へんぼう》したのだ。

80年代はAクラスが当たり前だったカープは、90年代後半からもがいていたのだと思う。実際にチームにいたわけではないから軽々しく言えないけれど、93年に導入された「逆指名制度」（その後、「自由獲得枠制度」「希望入団枠制度」に名称変更後、06年限りで廃止）、「FA（フリーエージェント）制度」は資金力が豊富な球団に有利とされ、カープが苦戦する大きな要因になっていたことは、容易に想像できる。そしてなにより、勝てないシーズンが続いていたせいか、チームに入ってみてすぐに受けた印象は、「空気が重いな」だった。

アマチュア時代、目立つような実績を残せていない身ながら、生意気にもそれを「変えたい」と思った。元気に声を出すことから始めた。お立ち台の選手を、「水かけ」で手荒く祝福した。当然、不安はあった。みんなが必ずしも好意的に見てくれるとは限らない。それはわかっていた。でも、まわりの人の理解や後押しを得ながら、覚悟を持って行動してきた。

それが微力にもなりえたのかどうかはわからない。

だが、カープは確かに変わった。雰囲気が明るくなり、勝てるようになった。

僕とカープが変わっていった6年間の歩み、そして、自分の野球哲学・技術や、1人の人間としての考え方を、この本に記していきたい。

菊池涼介

目次

第2章 守備の理想を追う 〜異次元プレーを生む技術と哲学〜 53

第3章 打撃・走塁を磨く ～型にはまらない攻撃の力と戦略～ 97

第5章 ポリシーを貫く 179
~非常識を常識に変える強い意志~

第6章 成功をつかみ取る

～「菊池流」目標を達成する方法～ 219

第1章

チーム力を高める

～カープ大変革の過程で見えた境地～

小さな波が大きな波となり、カープは変わった

「カープにはいないタイプだね」

2011年秋のドラフト会議で指名されて広島東洋カープに入団してすぐ、まわりの方たちにそう言われた。

最初は「ん？　なんのこと？」とピンと来なかったけれど、1年目の12年春季キャンプから始まって、故障もあってシーズン前半は二軍ですごし、後半は一軍でプレーさせてもらえるなどいろいろな経験をさせてもらう中で、「チームの雰囲気がちょっと暗いな」と、少しやりづらさを感じた。

僕がいた中京学院大学（岐阜県中津川市《なかつがわし》）は強豪大学とは違って楽しく野球をやっているようなところで、そこからカープに入ってきたということもあったかもしれないけれど、空気が重いという印象を受けた。1997年の3位を最後に、チームがずっとBクラスに低迷していたということもあったんだと思う。

しかし、入ったばかりで、なんの実績もない僕がなにかを言っても、簡単には伝わらな

い。そう思っていた。

でも、翌13年の春季キャンプで、監督（当時）の野村謙二郎さんが、

「オンとオフをしっかりとやっていこう。締めるところは締める。でも、楽しくやるところは、楽しくやっていい。笑ってもいい。失敗を恐れず、明るくやろう」

という方針を掲《かか》げられた。

謙二郎さんの言葉に、乗らせてもらった。

「今なら、楽しくなるようなことを言ってもいいんじゃないか」

まだまだ子どもっぽいところもあったと思うけれど、みんなが盛り上がれるように、思いきっていろいろと声を出してみた。幸い、そのときの内野守備・走塁コーチの石井琢朗《たくろう》さん（現東京ヤクルトスワローズ打撃コーチ）も同じような声かけをする方だったので、僕の言ったことを後押ししてくれたのはありがたかった。

明るくしたいというと、ちょっと違うのだけど、例えばつらい練習でも笑ってやっていれば、あっという間に終わる。少しでも、そんな雰囲気にできたらと思ったのだ。

今では名物となった、マツダスタジアム（MAZDA Zoom-Zoom スタジアム広島）のヒーローインタビューの際に行う、クーラーボックスを使っての「水かけ」。それから始めて、ちょっとしたいたずらを仕掛けてみたり、先輩の顔色をうかがいながら、探り探りで

いろいろやってみた。

もちろん、それは僕ひとりの力で変えられるようなことではない。謙二郎さんもそうだっただろうし、先輩たちにも変えようという意識があったんだと思う。

僕の行動がちょっとでも役に立っていればうれしいけれど、僕自身もチームが少しずつ変わる中で、その流れに勢いづけてもらっていた。

「ヒーローインタビュー、水、行かないのか?」

あるとき、先輩からそう聞かれてホッとしたし、当時の選手会長の梵英心《そよぎえいしん》さんも、「今日は誰が行くんや?」と言ってくれるようになり、「あっ、やっていいんだ」と改めて思えた。

本当に、半信半疑だった。でも、それが今では普通になった。ビッグウェーブも、最初は小さな波から始まっている。僕もちっちゃな波に乗っていたのだが、それがどんどん広がって、大きくなって、今はみんなでビッグウェーブに乗っている。

いたずらも、ときには度が過ぎたものもあったかもしれない。でも、笑って許してくれる先輩方がいたおかげだ。

僕の入団当時と比べれば、雰囲気はガラッと変わったと思う。新入団選手がポンと入ってきても、すぐになじめる。チームに合流してきた瞬間に、「お前、なんか、変わっているな」というイジりが入ったり、みんなが受け入れてくれる。

Carp
33
Weider
you me
DESCENTE
GEORGIA
mazda
Asahi
EDION
ELEVEN
ユウベル

人間にはいろいろなタイプがいるから、接し方も多少は変える。「この子は面白い子だな。ちょっとイジってあげたほうが打ち解けやすいだろうな」とか、「この子はおとなしそうだから、自然と輪に入ってこられるようにしたほうがいいかな」とか。

そんな大げさに見極め方がどうこうとかではなく、野球をやっている人に関しては見ていれば、どんなキャラクターなのかはだいたいわかる。プロに入ってくるような選手はみんなエースとか、クリーンアップを任されてきたような人がほとんどだから、通じるものがあるし、話し方や顔つきなんかでも判断できるところがある。

もちろん、深層の部分は段階を踏まないと見えてこないし、意外な潜在能力が隠れているときもある。上本崇司《うえもとたかし》みたいにイジればイジるほど面白くなるやつもいるし、土生翔平《はぶしょうへい》のように普段はまじめで絡《から》みづらそうにしていても、実は「めっちゃ、おもろいやん！」みたいなやつもいる。

いずれにしても今のカープにはチームに溶け込みやすい土壌ができあがっている。14年入団の（田中）広輔《こうすけ》などは、明るい環境になってから入ってきているので、前はこうだった、ああだったというふうに話したりしたこともあった。

「プロはそんな甘い世界じゃない。仲良し集団ではいけない」と疑問視する方がいるかもしれないが、今のカープは新しく入ってきた選手でも力を発揮しやすい環境だと思う。正直、僕が入ってきたときは、先輩の威圧感もすごかったし、僕のほうが構えてしまった部分もあったかもしれないが、気軽に話しかけられる感じではなかった。

勝手に、孤独感に苦しんだりもした。孤独というのは、やっぱりいいことではない。一匹狼ならそれでもいいけれど、入ってきたばかりのときは、誰でも不安だったり、慣れないことだったり、いろいろなことがある。野球をするうえでは、そういったネガティブな要因は排除したほうがいいのは言うまでもないだろう。

自分と同じポジションの選手が入ってくればライバルになる側面も確かにある。でも、チームが強くなるためには、キャリアに関係なく、みんなが能力を発揮しやすいほうがいい。それが選手層の厚さにもつながる。

プロ野球は、約6か月の長いペナントレースを戦い抜かなければならない。その過程では、故障者も出るし、調子を崩《くず》して本来の力を出せない選手も出てくる。そうしたときに、代わりに出た選手が遜色《そんしょく》ない活躍をすることで、チームは安定した成績を残せる。

テレビや新聞の記者の方から、「低迷していたときと比べたら、今は本当に良い雰囲気になったよ」と言われたときは、すごくうれしかった。

さっきも言ったように、僕がなにかを変えられたのかどうかはわからない。不安も小さくなかった。それでも、「変えたい」と願って行動してきて良かったなって、今は思える。

立場が上がっても、自然体でチームの役に立つ

2年目の13年シーズンは、一軍でけっこう試合に出させてもらうようになったとはいえ、まだまだ「こうしましょう」「ああしましょう」と言える立場ではなかった。ただ、同じ言動をするにしても、一軍と二軍を行き来するような選手だったら受け入れてもらえなかった可能性はあったと思う。

やっぱり立場が違えば見られ方も変わるし、求められるものも変わってくる。

14年オフ、緒方孝市《おがたこういち》さんがヘッドコーチから監督に就任された。そのとき、「丸（佳浩《よしひろ》）と一緒にチームを引っ張っていってもらいたい」と言っていただいた。でも、最初はどうすればいいかわからなかった。

丸とも話をして、僕らが率先して声を出そうとか、僕らが凡ミスしないようにとか、初歩的な当たり前のことを当たり前にやろうと確認した。ときにはそれまでとは違う行動が必要になるときも出てくるだろうが、特別な意識でなにかをしようとするのではなく、あくまで自然体で行こうというのが、僕らの考えの根幹だった。

当時の選手会長のテツ（小窪哲也《こくぼてつや》）さんや、カープへ復帰した新井貴浩《たかひろ》さんからも、ここをこうしてほしいというような具体的な要望はなく、「お前たちが思うようにやってくれたらいい。声を出すとか、そういうことでいいんだ。自分たちで考えて『今日はこういうふうにやっていきましょう』と、ひと声かけるだけで、みんな違うから。お前たちがやるなら、みんな、絶対についてきてくれるから」と、勇気をいただいた。

例えば、僕はセカンドなので、「今日はこういうふうに内野のボール回し、声を出していきましょう！」みたいな感じで始めたりする。それに納得してくれているかはわからないけれど、テツさんも優しいし、「みんなでやっていこう」という考え方なので、「お前がそう決めたのなら、やろう」と尊重してもらっていた。

17年からは広輔も加わり、丸と3人で「俺らがやろう」と動くようになった。たまたま、セカンド、ショート、センターとトライアングルのポジションで、声もかけ合いやすい。練習のときに、悪いことは悪い、良いことは良いと、チームメイトに指摘するようにしたり、キャンプなどでは、背中で引っ張れるように心がけている。

ときには、体調が悪い、コンディションが良くないといったこともあって、常にプレーで示せるわけではないけれど、そこは地道《じみち》にやっていこうと、考えを一致させた。

「お前たちがやっていることは、後輩たちが絶対に見ているからな」

そう先輩からも、繰り返し言っていただいている。

17年のシーズン途中には、ほかの選手への悪影響も考えて、打てなかったときにバットを投げたり、審判の判定に文句を言ったり、不満をあらわすような態度をとるのはやめようということを、3人で決めごとにもした。

僕は、コーチの方にも思ったことは言うタイプ。みんなの考えや意見を集約して伝達する役割を担《にな》うときもある。

たくさんの人数がいる組織で長い戦いを続けるので、ときにはチーム内に不平や不満が生まれる。そうした部分で後輩などから話を聞かされることもあるけれど、そのときは、「もう言うな」と口を閉ざすように伝えている。そこから問題が広がってしまう可能性もあるからだ。

僕らも若いころは文句を言ったりすることもあったが、先輩から「口には出すな。態度にも出すな」と諌《いさ》められてきた。後輩たちにもそう伝えていて、必要ならテツさんとしっかり話し合ってきた。テツさんも、「どうにかしてほしいなら、俺も上の人なり、しかるべき相手に話してやるから、言葉には出さないようにさせてくれ。なにかあれば、俺に言ってこい」と受け止めてくれた。

ただし、そうしたことも行っているけれど、僕自身は「リーダー」という感覚は持っていない。周囲の方からもそう言われることが一気に増えたが、そこにはとらわれずにやっている。僕の中では、自分が「リーダー」というのは、しっくりこないのだ。

僕はプロ入りまでに、ちゃんとした形でキャプテンをやった経験がない。高校のときは内野のキャプテンというような役割で、大学も似たようなポジション。感覚的には「サブリーダー」とか、合唱コンクールで例えるなら、「パートリーダー」みたいな(笑)。

僕も含めて最上級生が何人か残った大学4年生の秋は、名目上はキャプテンになったけれど、1つ下の後輩に、「これからはお前が引っ張っていくんだから、キャプテンの役割をやれ」と、実質的には彼に任せていた。

まわりの人がどう見てくれているかはわからないが、僕自身はキャプテンとか、リーダーというタイプではないと思っている。

僕はメリハリを大切にしていて、いい意味で練習のときに手を抜いたりすることも必要だと考えているし、後輩たちにも、首脳陣の目を盗んで休んだり、じょうずにやったほうがいいと伝えている。言われたことをそのままやるのがすべてではないと考えているからだ。

しかし、それがリーダーらしい言動かというと、違う気がする。やはり、リーダーという気質ではないのだろう。

14年オフからここまでの期間で、チームメイトから見れば、僕がどこか変わったと思われているところもあるかもしれない。

でも、僕の中では変わったという感覚はあまりない。もちろん、どこかで意識しているところはあるのだろうが、これからも自然体でチームの役に立てればと考えている。

リーダーはやっぱり、まじめな人がいい

明確なリーダー像があるわけではないけれど、やっぱりキャプテンはまじめな人にきちっとやってもらいたいし、そういう人が向いていると思っている。

僕の場合はどちらかというと楽しくやるタイプで、普段からふざけたりしているので周囲の方にまじめだとは思ってもらえないだろうから、当てはまらない。きっちり、黙々とやる人がリーダーなのかなと。

カープの前選手会長だったテツさんは、まさにリーダーらしい人だなと感じている。テツさんの前任である梵さんも本当にまじめで、口数少なく、ひたむきに役割を果たしていた。ファンの方のイメージにも、寡黙《かもく》にしっかりやってくれるといったものがあるのではないだろうか。

僕とか（鈴木）誠也《せいや》のような、おちゃらけている選手より、間違いなく説得力がある。そういう人が先頭になって動いてくれたり、言葉を発したり、全体を見渡してくれて、僕らはその下に絡まっている付属品（笑）。それがちょうどいいあんばいなのだと思う。

姿を見て学ばせていただいたのは、テツさんだけではない。（廣瀬《ひろせ》）純《じゅん》さんとクリ（栗原《くりはら》健太《けんた》）さん。カープは背中で語る先輩が多いのだが、2人も努力を怠《おこた》らない方で、言葉にも説得力があった。

純さんとは5年間、一緒にプレーさせていただき、常に勉強させてもらっていた。16年シーズン限りで引退されて、寂《さび》しい思いもあったけれど、本当に多くのことを教えていただいた。入ってすぐで話ができる先輩があまりいない中、声をかけてくださって、精神的にラクになれたことも覚えている。

良いことは良いと認めてくれるし、ときには、「お前、これはダメだろ」と、悪いことはしっかり叱《しか》ってもくれる。僕の話も、親身に聞いてくれた。

純さんは「チャーリー」と呼ばれていたが、当時の僕のあだ名は「小《こ》チャーリー」。広島弁では、純さんのトレードマークになっていたもみあげを「チャリ」と言うことから「チャーリー」となったのだけれど、純さんには、もみあげやヒゲの指導もされた（笑）。応援歌の冒頭を引き継ぐことになったのも、そういった間柄だから。

18年から外野守備・走塁コーチとして戻ってこられたので、また一緒に戦えるのが楽しみでいるが、お兄さんみたいな、とても頼りがいのある存在だ。

それは、クリさんも同じ。クリさんはめちゃくちゃ優しくて、1年目の春季キャンプのときから、「どう、きつい？」とか、右も左もわからない僕を気づかって、よく話しかけてくれた。クリさんが二軍にいて、あまり会えないときでもパッと顔を合わせれば、「おう！最近、どうだ？」と心配してくれた。本当に優しい先輩で、たまたま使っている用具のメーカーが一緒だったこともあって、すごくかわいがってもらった。

15年オフにカープから東北楽天ゴールデンイーグルスに移籍することになったときも、すぐに「なんて言っていいかわかりませんけど、所属チームが決まって良かったです。お互い頑張っていきましょう」とメールした。

結局、楽天でのプレーは1年間のみで、引退された。17年からは、楽天の二軍打撃コーチをされているけれど、用具メーカーのアドバイザー会議で久しぶりにお会いできたときは話が尽きなくて、30分くらいずっと話し込んでしまった。コーチとしての仕事に、「難しいところもあるけど、俺も勉強しながらやっているよ」と、クリさんらしく真摯《しんし》に向き合っていた。きっと、良い選手を育てられると思う。

純さんとクリさんのことは、今も変わらず慕《した》っている。

2人のレジェンドの背中が、ナインを動かした

黒田博樹《ひろき》さんは、もう、存在だけでまわりの仲間に影響を与えられる、まさにレジェンド！　野球に対する姿勢や取り組み方は、誰が見ても、ほかの選手とはレベルが違うと感じる。黒田さんだけは、もう別格だ。

練習中だけでなく、ロッカールームで談笑しているとき、遠征先のホテルで一緒に食事をしているときでも、なにかが違う。オーラって、みんなが持っているけれど、黒田さんは、ほかの人と同じではないものを放《はな》っている。感覚的なところなので、どう異なるのかを言葉で表現することは難しいが、ひと言で言うなら「偉大」。

ピッチャー陣のことで言えば、16年は黒田さんが精神的支柱となって、ほかの投手を引っ張ってくれていた。でも、17年はその黒田さんが引退されて、前の年とは違うように感じることもあった。改めてその存在の大きさに気づかされたし、それだけに、いきなり誰かがその代わりを務められるはずもないけれど、若いピッチャー陣の中では年齢が上のほうの福井優也《ゆうや》さんや、僕と同世代の（野村）祐輔《ゆうすけ》にはみんなを引っ張っていってもらいた

いと思っている。

黒田さんは偉大である一方で、一緒にくだらない写真を撮ったりもしてくれて、やっぱり関西人だなと思うところもあった。カープに戻ってこられたときは、「メジャーリーガーが来た！」という感じで、どう接していいのかと思っていたけれど、すぐにそうやって気さくに付き合えたのも、黒田さんの人柄とチームの空気感なのだろう。

自然体で会話できる雰囲気があって、僕から黒田さんに質問させていただくこともあったし、逆に黒田さんから、「お前は、こういう状況のときは、どんなふうに考えている？」と聞かれたりもした。ともに戦った2年間の中で、野球に関してもしっかりと話をさせてもらうことができ、いろいろな感覚も与えてもらった。

試合でも、黒田さんが投げたいボールがあって、セカンドの守備位置を「ちょっとこっち側に寄ってくれるか」と言われたり、僕が「この選手のときは、ポジショニングをこう変えたいんですけど、どうですか？」と提案して、「そうだな。お前の考えでいってみよう」といった、遠慮のないやりとりをした。

その中で、黒田さんは、もっと言えばピッチャーたちは、こういうときには、こういう球を投げたいんだなといった、学びがたくさんあった。

そんなふうに一緒に戦いながら、リーグ優勝したときに、「守ってくれて、ありがとう

Hiroshima

な」という言葉をいただいたことは、強く胸に刻まれている。

新井さんも偉大な先輩だ。僕がカープに入団した12年は、新井さんは阪神タイガースに移籍したあとだったから、15年にカープに戻ってこられたときは、「おかえりなさい」ではなく、「初めまして」だった。

でも、気をつかわせる先輩ではなく、距離が縮まるのに時間はかからなかった。誰が見ても、新井さんは必死に、ひたむきに、がむしゃらに、本当にチームのことを一番に考えてやっている。それがひしひしと感じられる。新井さんの姿を見れば、誰もが自分もやらなければいけないと思える。本当に、すごい先輩だ。

新井さんは今も良い手本になってくれているし、若い選手が増えているけれど、彼らもなにか感じるものが絶対にあるはず。それに、新井さんはなにをやっても面白い(笑)。ホームランを打っても面白い。黒田さんはなにをやっても、様になる。それこそ、転んだとしても格好いい。でも、新井さんがコケたら、みんな爆笑。2000安打も達成しているすごい選手なのに、僕らのおふざけにも乗ってきてくれる。

そんな新井さんだから、打つとチームが盛り上がる。新井さんには、あと15年くらいやってもらいたい。15年後だと、いくつになるんだろう……55歳を過ぎている！　それでもやってもらいたい!!

プレー以外でも食事をしているときとか、ロッカールームにいるときとか、そういうところでも勉強させてもらっている。それがなにかと聞かれると、これも言葉にするのが難しい。

黒田さんに対しても同じだったけれど、いろいろな場面で目にしたり、僕が感じることはいっぱいあっても、自分の感覚で解釈していることが多くて、言葉に換えられない。でも、しっかりと吸収しているつもりだ。

キャラクターは全然違う黒田さんと新井さんだが、２人とチームメイトになれたことは貴重な財産になっている。

「仲良しクラブ」ではなく、腹を割って同じ方向を見る

テツさんはもともと「チームのために」という思いが強い人で、選手会長を経験してからはより一層そうしたことを考えてくれている。

シーズンオフにはピッチャーの中で核になってほしい福井さんとか、祐輔とか、今村猛《たける》、中﨑翔太《なかざきしょうた》、キャッチャーだったら、新しく選手会長に就任した會澤翼《あいざわつばさ》さん。野手で言えば、丸、広輔、僕といった選手を集めて、食事する機会を作ってくれる。

意外に思われるかもしれないけれど、普段、野手は、ピッチャーと外食に出かけるということがほとんどない。それと、僕が入団してからはそういうことはないけれど、チームの関係者の方から、「昔はピッチャー陣と野手陣の仲が悪かった」というような話も聞いたことがあった。

でも、今ではそういう集まりの場で、ピッチャーから思う野手のこと、僕ら野手から思うピッチャーのことを、遠慮せずに話し合えている。もちろん、それにとどまらず、各々《おのおの》から見たチーム全体のことなども、しっかり意見交換する。

また、これはカープが伝統的に行ってきたものなのだが、オフの湯布院《ゆふいん》（大分県）でのリハビリキャンプも、ざっくばらんに本音で話せる、すごく良い機会になっている。ベテランや、1年間、試合に出ていた選手だけでなく、広報やトレーナーの方など、チームのいろいろな立場の人間が参加するので、様々な話ができるのだ。

初めて参加した15年オフのとき、「来年以降もまた来て、みんなの話を聞きたい」と、強く思った。腹の底から、いやなことはいやと言い合ったりしたが、そういうことは、チームが強くなるうえで必要なんだなと感じた。

食事をしながらだと、話しやすかったりする。お酒の力も少し手伝って、言いたいことを言い合える。温泉にも浸《つ》かって、裸の付き合いよろしく、本心からの言葉が交《まじ》わる。

先輩という目線での考えもあれば、若い選手たちの側の意見もある。中堅には中堅の見方がある。練習中でも、こう思っていたんだなとか、気づくことが少なくない。チームのメンバーが、それぞれどんなことを考えているのかを知るのは、すごく大切だと思う。

それに、新井さんや石原慶幸《よしゆき》さんといったベテラン選手にも冗談を言ったり、若い選手に、「新井さんと絡んでみろよ」とけしかけたり、みんなの関係が深まる。

僕がお互いを知る重要性を最も感じたのが、この湯布院での時間。相手の考えに触れることで、通じ合えるところがある。すべてを共有するというのは難しいけれど、「じゃあ、これはこうしましょう」「ああいうときはこういう気持ちでいるんだ」と、問題や疑問、引っかかっていることが、解決に至るくらいまで話し合える。

例えば、投内連係プレーの練習で、ピッチャーがミスをした場合。野手の僕らからすると、動きが悪くてダラダラやっているなと感じてしまうこともある。セカンドは一塁のベースカバーでずっと走っているだけのときもあるのだが、それも真剣にやっている。だから、「僕らは必死にやっているのに、チンタラやってほしくないです。もうちょっとしっかりやってもらいたいです」とか、「ミスをして、〝ああっ、やっちゃった〟という態度をとっているなら、『もう1本、お願いします！』と言ってほしい」と伝える。

それでピッチャーのほうから、「若いピッチャーなんかはとくに、首脳陣の前だとしっかりと送球しないといけない、ミスをしてはいけないとプレッシャーを感じて緊張したり、迷ったりするときがあるんだよね」と聞かされると、「決して気を抜いてやっているわけじゃないんだ」とわかる。

そのくらいで緊張していて大丈夫なのかと思う方もいるかもしれないけれど、感じ方は人それぞれだし、そのときの状況によっても変わってくる。こちらの一方的な考えで決めつけてしまうのではなく、相手の気持ちも知ることで、見方は変わってくる。次に同じ場面に遭遇《そうぐう》したときには、「もういっちょう！　もういっちょう！」という声が野手から生まれている。

そういうシーンを目《ま》の当たりにするたびに、テツさんの気づかいで設けてもらっている会のありがたさや湯布院キャンプの意味の大きさを実感するし、チームにある溝が確実に埋《う》まってきているなと、うれしくなる。そうした時間を経てからキャンプに入るので、チームが1つにまとまって、いいスタートを切れているんだと思う。

よく今のカープは、チームとして明るいとか、仲が良いとかと言われるけれど、ただ馴《な》れ合った「仲良しクラブ」になっているわけではない。意見を戦わせながらもみんながわかり合っていて、強い気持ちで同じ方向を向けている。それがチーム力の底上げにもつながっていると思う。

進化の継続とファンの力が、想像を超えた逆転劇を生む

「チームを変えたい」「優勝したい」と口にしてきながら、実際に大きく変わった現在のチームの姿、そしてリーグ優勝、さらには連覇というのは、正直に言えば、想像はしていなかった。

時間はかかったけれど、少し暗いかなと感じていたチームの雰囲気は、今では逆に明るすぎるかもしれないと思うほど、ガラッと変化した。みんながここまで変わって、オンとオフをはっきりできるようなチームになるというのも思い描いていなかったし、それがこれほどの大きな力になるとも考えていなかった。

17年で最も印象に残っている試合は、七夕《たなばた》の7月7日に行われた、神宮球場での東京ヤクルト戦。

勢いがついたら一気に行くところまで行けてしまうという、今のチームの良さが発揮された、象徴的な試合だったと思う。

8回終了時のスコアは、3対8の5点ビハインド。点差も点差だったから、9回表の最

後の攻撃に入るときは、さすがに逆転できそうな空気があったわけではなかった。

しかし、だった。先頭の（サビエル・）バティスタが左中間に一発を放つと、一死後に回ってきた打席で、僕もホームランを打てた。そのあと、丸がフォアボールを選んだが、誠也はセンターフライで、2アウト。まだ3点差だから、厳しい状況には変わりない。

ところが、マッちゃん（松山竜平《りゅうへい》）が左中間へのタイムリー2ベースで、2点差。

そして、もしかしたら逆転できるかもしれないとなったのは、次の（西川）龍馬《りょうま》がセカンド内野安打でつないだとき。ネクストバッターズサークルに控えていた代打の新井さんまで回った。

「これ、あるぞ！」

新井さんが抑えで登板していた小川泰弘《やすひろ》のストレートを弾《はじ》き返した打球は、バックスクリーンを直撃する逆転3ラン。ヒーローインタビューで新井さんは、5点差があるのに出番が回ってくる予感がしていたと話していたけれど、みんなが後ろにつなごうとした気持ちが最終的に新井さんに届いたんだと思う。

17年でもう1つ、劇的で鮮明に覚えているのが、9月5日にマツダスタジアムで行われた、2位・阪神との一戦だ。

初回に2点を先制したものの2回に同点にされ、3回には1点勝ち越される。その裏に

3点取って逆転するもまた追いつかれ、7回裏に1点取って勝ち越し。6対5で9回表の守備についたが、福留孝介《ふくどめこうすけ》さんに逆転2ランを打たれてしまうというシーソーゲーム。土《ど》壇場《たんば》でひっくり返されたのだが、それでもガクッとくることはなかった。

そこには、スタンドのファンのみなさんの声援も、大きく関係していると思う。とくに、試合後半の7、8、9回の応援はすごい。後半になると、球場のテンションがさらに上がるのがわかる。それくらいのいい空間を作ってくれる。

もう半端じゃない！　負けていてもファンの方は逆転を期待してくれていると思うと、最後の1球まで気を抜くわけにはいかない。ホームのマツダスタジアムはもちろんだが、最近はビジターに行ってもそれがすごく伝わってくる。

ここ2年は「逆転のカープ」と言われたりもするけれど、ファンの方たちの強い後押しもあってのものだと思っている。

ただ、見ていると大逆転やサヨナラ勝ちのほうが痛快かもしれないが、やっている人間からすると、本当は先制して、主導権を握って逃げきるという勝ち方がいい。こちらは意外とヒヤヒヤしているのだ(笑)。

この9月5日の試合は、6対7の9回裏一死から野間峻祥《のまたかよし》が三遊間への内野安打で出塁し、打席には安部友裕《ともひろ》が向かった。17年は打撃好調で、最終的に3割1分でリーグ4位のハイアベレージを残すことになる安部。この場面はきっと続いてくれるだろうという期待はしていたのだが、まさかだった。

初球、阪神のクローザーのラファエル・ドリスのワイルドピッチで、野間が二塁に進塁。スタンドのボルテージが、さらに上がった。そして、カウント2ボール1ストライクからの4球目。バチッと打って、ちょっと上がっちゃったかなと思ったけれど、打球はぐんぐん伸びていく。

「おっ、おっ、おいっ、えっ～！」

サヨナラホームランは予期していなかったので、ベンチもそんな感じだった。あいつは打つとすごく機嫌がいいので、その日はうるさかったけれど、連覇へのラストスパートに向けてチームはさらに盛り上がった。

個々の自信が、集団の成長を後押しする

冒頭でも触れたように、13年の春季キャンプでの野村謙二郎さんの言葉が分岐点となって、その3年後の16年シーズンに、25年ぶりのセ・リーグ制覇。

謙二郎さんは監督を退任されたあと、『変わるしかなかった。』という著書を上梓《じょうし》されたけれど、みんなもどこかに、「変わらなければいけない」という気持ちがあったと思う。それに、指揮官のバトンを受けた緒方孝市監督も、「野村さんのやってきたことも含めて、また一からやっていくぞ」と、謙二郎さんの意向を残しつつやっていくということを、就任したときにおっしゃっていた。

僕にとっては初めての監督交代ということもあり、最初はどういうふうに変わるんだろう、どういうふうにやっていけばいいんだろうと思案していたけれど、その言葉で、「今までどおりでいいんだ。大丈夫なんだ。無理に変える必要はないんだ」と安心できたし、ブレずに、ここまで進んでこられた。

チームとして久々に果たすことができたリーグ優勝は本当にうれしかったし、優勝パレードも31万人以上という信じられないくらいの人たちに集まってもらい、涙まで流してくれる方もいて、とても感動した。

でも、実はこの日、僕は寝坊してしまったのだ。普段、遅刻するようなことはないけれど、すごく大事なところでやってしまった。

マツダスタジアムに集合してからパレードの出発地点に行く予定だったのだが、その出発時間にギリギリ着く感じだったので、直接、出発地点へ。タクシーで急いで向かったので、逆に30分くらい待つことになり、あとから着いたみんなに、「あれ？　もういるじゃん」って不思議がられたけれど、なにはともあれ、ちゃんと参加できて良かった。

ただ、優勝したからといって、個人的にも、チームとしても、なにかが変わったという感覚は、すぐには出てこなかった。

17年の春季キャンプが始まるときも、緒方監督が「我々は挑戦者なんだ」と話されて、みんなも「そうだ」というふうになっていた。当然、再び優勝するために戦うのだが、連覇できる自信があったわけではなかった。

連覇というのは本当に難しいし、15年に優勝したヤクルトが翌16年に5位になっているように、優勝チームが次の年にBクラスに落ちることは珍しくない。そういう先入観もあって、険しい道のりになるだろうから、前年以上にやらなければ苦しいシーズンになる。開幕前はそんな危機感が確かにあった。

しかし、開幕戦こそ負けたものの、その後は引き分け1つを挟《はさ》んで10連勝。優勝に向かって真《ま》っ直《す》ぐ突き進めたことで、徐々に「いけるかもしれない」と思えた。それに、戦っていくうちに、チームはまた変わったと感じた。やはり、前年の優勝がみんなに自信を与えてくれていた。野手もピッチャーも自分を信じてプレーしているというのを、すごく感じることができた。

17年も優勝してカープとして37年ぶりの連覇をしたことが、18年のチームにどんなことをもたらしてくれるのか。今から楽しみだ。

前を歩く誰かの一歩が、みんなの道を作る

「ファーストペンギン」という言葉を知っているだろうか？

天敵がいる可能性のある海に、集団で生活するペンギンたちの中から、魚を求めて最初に飛び込む1羽のことだ。

リスクを恐れずに、先陣を切って進んでいく。

チームが変わった今だから言えるが、みんなの前を歩くのは難しいし、しんどいときもある。もちろんリーダーはテツさんや新選手会長の會澤さんだけれど、ときとして、僕が先頭に出る場面がある。

チームの雰囲気を良くしたくてバカなことをやっている僕の姿を見て、「なんだ、こいつは」と感じた人や、冷ややかに見ていた人が、チーム内にいたかもしれない。自由にやらせてもらっているので、「監督、コーチになにも言われずに、好き勝手やっていいよな」と

思っている人もいるかもしれない。

でも、心配しながらも続けてこられたのは、信頼してくれる人がいたからこそ。やっているうちに、1人、また1人と、賛同者が増えていってくれたから。次第に、空気が良くなってきたと感じられるようになった。

昔から「いやなものは、いや」という性格で、コーチとぶつかったこともある（詳細は、第5章にて）。でも、自分の行ってきたことが、全部、正解だったとも思っていない。今もすべてが正しいとは考えていない。

どこまでが良くて、どこまでが悪いのかって、なかなかわからない。ときにはギリギリ、ダメなほうに行っているときも、たぶんあると思う。どうしようかなと悩むこともある。

僕を後ろから見ている人は、「あそこまでやったら、ダメなんだ」とか、わかることもあるかもしれないけれど、前に人がいない僕は、自分で判断しなくてはいけない。

間違えば、1人、浮いてしまう可能性もある。

キャンプなどでも調整をかなり自分に任せてもらっているので、そこで偉そうにしたり、勘違いしていたら、絶対に支持してはもらえない。

協力してくれる先輩や同期、ついてきてくれる後輩がいることで、僕も自信を持てるし、これは合っているな、間違った方向に行っていないな、という安心感が生まれてくる。

黒田さんにも、「お前が引っ張っていくんだからな」と言っていただいた。

17年春に開催された第４回ＷＢＣ（ワールド・ベースボール・クラシック）の準決勝のとき、舞台となったドジャー・スタジアムで久々にお会いしたのだが、黒田さんの中でなにか思うところがあったのかもしれない。

「丸でもなく、広輔でもなく、お前だ」

と言われて、「ヤバい、これはやらないわけにはいかないぞ」と、身が引き締まる思いだった。偉大な黒田さんの言葉は、めちゃくちゃ重かった。

ほかの人から言われるのとは違うから、責任がゴーンと一気にのしかかったけれど、信頼してもらえるとしたらうれしいし、励《はげ》みになる。

新井さんだったり、石原さんだったり、テツさんだったり、いろいろな人にも声をかけてもらい、迷いながらも、とどまれている。

本当に仲間に恵まれていると思う。

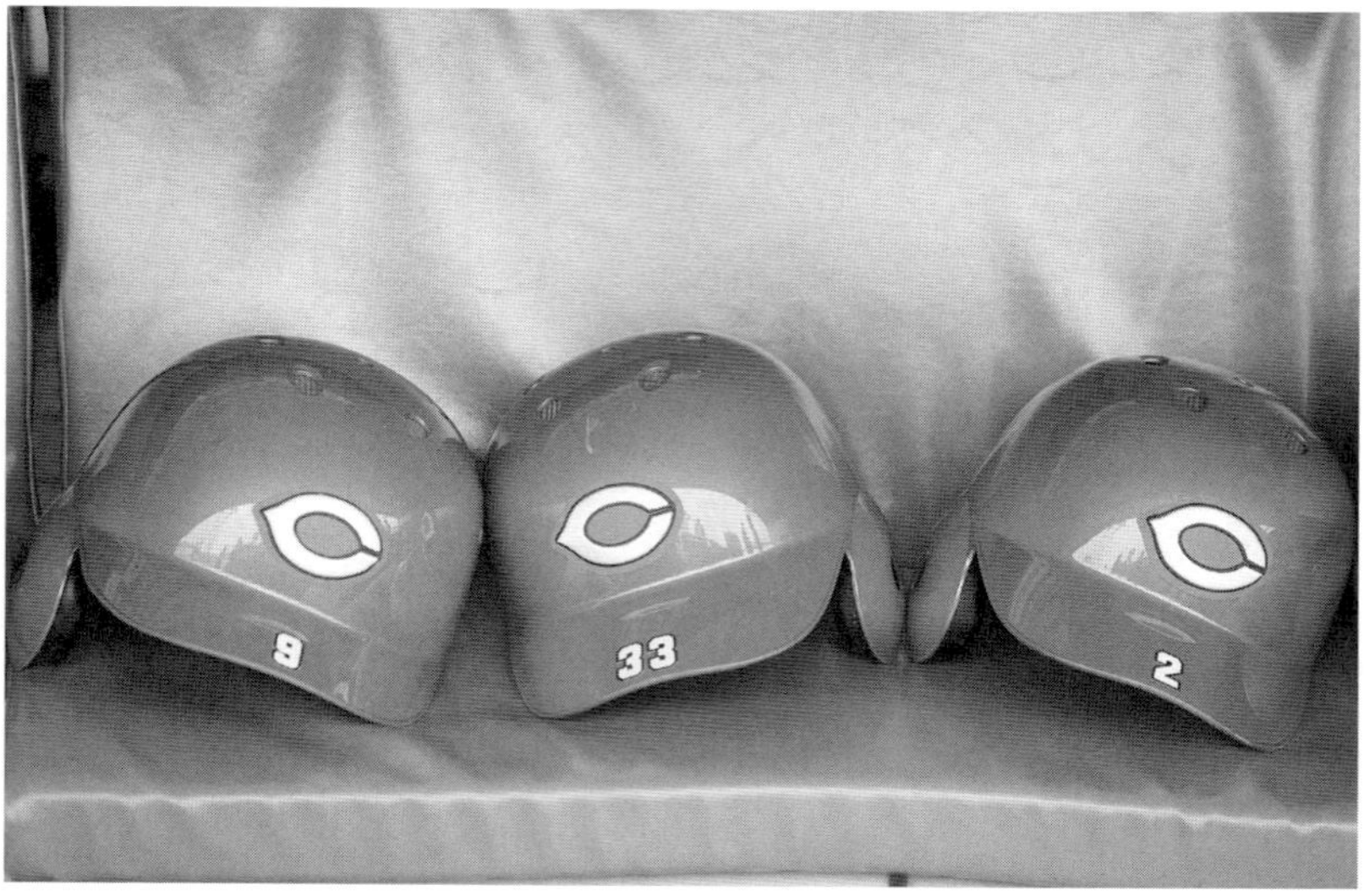
9
33
2

第2章

守備の理想を追う

～異次元プレーを生む技術と哲学～

定位置に疑問を持つ

「守備の常識を変えた」

セカンドを守る際のポジショニングについて、マスコミやまわりの方にそんなふうに言っていただくことが多々ある。

確かに気がつけば、ほかの球団でも、僕と同じように、これまで定位置とされていた場所から下がって守る二塁手が増えた。大学生はもちろん、高校生、中学生でも、深いポジションをとる選手が出てきたと聞く。

でも、僕の中では、「常識を変えた」というような意識はない。自分のできる範囲で考えていった末に、今のポジショニングができあがっただけだ。

それ以上でも、それ以下でもない。変えてやろうというのもなかったし、結果的に変わっていた。そんな感じだ。

そもそもカープに入ったときは、セカンドのことをしっかりとはわかっていなかった。武蔵《むさし》工業大学第二高校（現東京都市大学塩尻《しおじり》高校）時代に少し経験があったとはいえ、基本はサード、大学時代はずっとショート。

カープに入って１年目の２０１２年、開幕からずっとセカンドのレギュラーを務めていた東出《ひがしで》輝裕《あきひろ》さん（現広島打撃コーチ）が、６月にケガをされた。それで、僕がセカンドの先発で出させてもらうことが増えていったのだ。

カバーリングも、きちんとはわかっていない。そういうレベルだったから、最初はただ必死にやるだけだった。

その年は安部（友裕）と併用《へいよう》で、翌13年も試合に出し続けていただいたけれど、勉強することばかりで、あっという間に過ぎる日々。少しだが、気持ちに余裕が出てきたのは、３、４年目になってから。

そのころ、ふと思った。

「なんで、こんな前に守っているのかな？」

正面に飛んできたセカンドゴロを普通に捕球したとき、打者はまだホームベースと一塁ベースのあいだの真ん中あたりを走っている。

「これなら、もう少し後ろで守っていてもアウトにできる。その分、ヒットゾーンを狭くすることができる」

セカンドを守るようになった中で、ポジショニングを変えるようになったのは、そんな単純な発想が始まりだった。

僕は、思ったら行動は早いタイプ。誰かに相談するとかもなかったし、どうしようかなとか考えたりもしなかった。

そんな感じだったので、いつの試合だったかは覚えていないけれど、思い立ってからすぐにポジションを少し後ろに下げた。

試しにやってみたという安易な考えではない。大事なペナントレースの中の1試合だし、ピッチャーに迷惑をかけるわけにもいかないからだ。でも、僕の中でアウトにできるという確信があった。

少し深く守って、アウトにできた。これなら、もう少し下がっても大丈夫だな。その繰り返しで、ちょっとずつ後ろに下がる中で落ち着いたのが、今の位置。気づいたら、だいぶ後ろにいる(笑)。

もちろん下がれば、前の打球は苦しくなるし、最初の時点での打球との距離も遠くなるので、バウンドの合わせ方も難しくなる。バウンドの回数が増えれば増えるほど、イレギュラーする確率も上がる。

当然ながら、その対応力も磨かなければいけない。リスクが増す側面もあるけれど、トータル的に考えて、変える価値があると思った。

ありがたかったのは、当時の監督の（野村）謙二郎さんをはじめ、コーチの方にも自由にやらせてもらえたこと。

もちろん、場面、場面で、「右に寄ってくれ」「前に出てきてくれ」というチームの戦略の中での指示はあったけれど、それ以外では任せてもらえた。自分の感覚の中で、思うようにポジショニングできた。それによって、いろいろなことを感じたり、気づいたりできたし、考える範囲を狭めずに済んだ。

自信を持っていても、読みが外れて、結果的に裏目に出ることはある。

それに、ピッチャーがキャッチャーの構えたところにきちんと投げてくれるかどうかでも、変わってくる部分がある。そういう意味では、バッテリーとの共同作業だ。

どんなにコントロールのいいピッチャーでも、すべての球をサインどおりに投げられるわけではない。逆球《ぎゃくだま》になってしまえば、打球が飛ぶ方向は想定していたものと違ってくる。だから、ポジショニングに１００パーセントはないと思っている。といって、迷ったり、消極的になったりはしたくない。

なので、結果としてうまくいかなくても、「読みが外れた」と割りきる。引きずるのは良くないから、それも大事だと思っている。

積み重ねた経験が、ポジショニングの精度を上げる

ポジショニングにおいて、自分の考えで大きく動く以上は、ピッチャーやチームメイトに納得してもらえるものを示さなくてはいけない。

いちばんはやはり結果だから、そのために自分なりに頭をフル回転させてポジショニングを決めている。

まず考えるのは、バッターの走力。それによって、前後のポジショニングの位置を決める。左右の位置は、バッターのバッティング傾向が引っ張りか、それとも流すことが多いのかで、選択する。

ピッチャーの投げる球種によっても、ポジショニングを変える。先ほども触れたように、ピッチャーのコントロールの良し悪し、その日の状態も、判断材料の1つ。

また、そのときのシチュエーション、試合展開も、当然、加味する。どうしても失点したくなければ、思いきったポジションにすることもあるし、ピンチやダメージを広げないことを優先するときもある。

球場によっても変える。天然芝、人工芝、土のグラウンド。それぞれ、打球の転がり方が違ってくるからだ。

本拠地のマツダスタジアムは天然芝だけれど、ほかの球場の場合、今は人工芝がほとんど。そのことも、後ろに守るようになったきっかけの１つだ。人工芝は打球の勢いが落ちにくいので、後ろに下がりやすい。イレギュラーも起こりづらいので、守りやすくもある。

その点、マツダスタジアムは天然芝であるうえに走者の走路が土になっているので、深く守ると、打球が土と芝の切れ目を２度通過する。そこに当たってしまうと打球が跳《は》ねたりするので注意しなければならないし、内野がすべて土の甲子園球場もそうだが、ランナーの走路も土が掘れてイレギュラーしやすいので、警戒が必要になる。グラウンドごとに意識するポイントを変えながら守らなければならない。

そして、なにより経験がものを言う。

経験によって得られた生きたデータを、どう形につなげていくか。そもそも各打者の走力は守っているうちにわかっていったことだし、ほかにも打球の速さであったり、スイングの特徴であったり、出続けていないとわからないことが多くあるから、それくらい、経験は重要なのだ。この積み重ねは、謙二郎さんに１年目から我慢強く使っていただいたことから始まっていると言える。

今はルールが変わってかなり減ってきたけれど、若いころはゲッツーを取りにいくケースで送球を受けるためにセカンドベースに入ったとき、ランナーが送球をしづらくしようとスライディングをしてくるのが怖《こわ》くて、投げられなかったということが何度もあった。それを克服できたのも、やっぱり経験を積ませてもらったからだった。

それと、これは言葉ではうまく表現できないのだが、ポジショニングで間違いないと確信できることもあって、そういうときは必ずと言っていいほどハマる。これという理由を挙げられないが、それも経験からくるものなのかもしれない。

ここまではうまくいく確率が高くて、みなさんに評価していただけるプレーができているけれど、アウトになるのか、ヒットになるのか、本当にどちらに転んでもおかしくない。でも、だからこそ、悔いを残さないように、考えられることは考え尽くしているつもりだ。こう見えても、それなりに頭を働かせてポジショニングを決めたり、守備をしている。ベンチに戻ったら、疲れた脳を活性化させるためにチョコレートを食べたいくらい(笑)。

ちなみに、侍ジャパン(日本代表)の一員として出場した、17年の第4回WBCでは、けっこう後ろに守った。知らない相手がほとんどで、データも限られている中での対戦だったものの、パワーのある外国人選手は、打球が絶対的に速い。足がいくら速くても、打球の速さを計算したら、後ろで守ったほうがアウトを稼げる。

それで、普段以上に深いポジションをとった。それによってアウトにできたプレーもあった。培《つちか》った経験をうまく生かせたと思う。

ＷＢＣでは優勝を目標にしていたのに、果たせなかった。準決勝での敗退は本当に悔しい結果なのだが、大会を通じて、自分のできることはやれたのかなとは思っている。

横っ飛びのとき、本当にスローモーションに感じることがある

延長11回までもつれこんだ、ＷＢＣ２次ラウンドのオランダとの一戦。すごい試合になったけれど、７回裏の僕のプレーは、メディアでもたびたび取り上げていただいた。それこそ、「異次元のプレー」と言ってくださる方もいた。

６対５と１点リードで、一死一塁。３番バッターのザンダー・ボーガーツ（ボストン・レッドソックス）の打球は、ピッチャーの松井裕樹《ゆうき》（東北楽天）の足元を襲った。マウンドで弾《はず》み、松井の股《また》の下を抜けてきた。

実はこのとき、僕は打球を見失っていた。マウンドにポンと打球が当たって、「あれ!? どこに行ったかな!?」と見えなくなってしまった。

ある程度の方向はわかっていたので追いかけていたのだが、さらに二塁審判が僕と打球のあいだにいて遮《さえぎ》る形となり、ボールを視界にとらえたときには、もう目の前まで飛んできていた。

「ヤバイッ！」と思いながらも、なんとか打球を止めなくてはいけないとグラブを持つ左手を伸ばすと、ボールがおさまった。

そんな感じだったので、自分でも捕れたことに驚いた。

これはシーズン中にもたまにあるのだけれど、横っ飛びをしているあいだは、よく言われるようなスローモーションになっていて、滞空時間が長く感じた。

夢中だったけれど、捕ったら、「ゲッツーを取りたい」と、すぐにトスの動作に入れた。ショートの坂本勇人《はやと》さん（読売ジャイアンツ）が送球に移りやすいように、セカンドベースの一塁寄りに上げないといけない。

そういう気持ちがあったせいで、トスのボールを引っかけすぎてしまった。けれど、坂本さんがうまく捕ってくれて、なんとかセカンドはフォースアウト。

胸からドカッと着地して息が詰まるような状態だったので、トスしたあとは、苦しくてしばらく立てなかった。でも、これもたまにあること。

続くオランダの4番バッターのウラディミール・バレンティンを迎えると、侍ジャパン

4

のピッチャーは、秋吉亮《りょう》さん（ともに、東京ヤクルト）にスイッチ。日本でのチームメイト同士の対戦となったが、秋吉さんがバレンティンを空振り三振に斬《き》って取って、無失点で切り抜けることができた。

9回裏に追いつかれたけれど、最後は11回表に中田翔《なかたしょう》（北海道日本ハムファイターズ）が勝ち越し2点タイムリーを放ち、試合を決めてくれた。

この試合ではギリギリのプレーができたので、自分もなんとか、勝利に貢献できたのではないかと思っている。

WBCのエラーの真相！　確かなのは「後ろにそらしてはいけなかった」

オランダ戦でのプレーとは反対に、アメリカとの準決勝で犯してしまった手痛いエラーは、今も頭から消せない。

0対0で迎えた4回表。先発の菅野智之《すがのともゆき》（巨人）が先頭のアダム・ジョーンズ（ボルティモア・オリオールズ）を空振り三振に取って、1アウト。続くバッターは3番バッターのクリスチャン・イエリッチ（当時フロリダ・マーリンズ、現ミルウォーキー・ブリュワーズ）。

カウント2－2からのカーブを引っ張った当たりは、僕が守るセカンドに飛んできた。かなり速いゴロに対して、正面に入ったつもりだった。

しかし、手前でポンと跳ねたことに反応できずに、後ろにそらしてしまった。あくまで対応できなかった僕の力不足だし、言い訳をするつもりもない。けれど、なぜエラーをしたのか。応援してくれた方々には説明すべきかと思うので、ここで振り返っておきたい。

あのときは、本当に難しい状況だった。

日本での1次、2次ラウンドを勝ち上がって準決勝、決勝が行われるアメリカに移動したあと、侍ジャパンはアリゾナ州で調整、練習試合を行った。天候や打球の飛び方など日本との違いも確認したのだが、試合会場となったドジャー・スタジアムでは、当日にノックを受けることもバッティング練習もできなかった。

前日に練習したものの、試合のあった日は雨が降っていた。当日がどういうグラウンドコンディションになっているのか把握できないままのスタートだった。

もちろん、だからといって、捕れなくても仕方がないとはならない。天然芝だから、イレギュラーは当たり前にあること。「あれは難しかったよ」と言ってくれる人もいたけれど、プロである以上は、捕らなければいけない。日の丸を背負ってプレーしているのだから、勝たなければいけない。だから、残念だけれど、僕のエラーだ。

ただ、終わってから、あの打球はどうすれば捕れたのかと考えた。でも、あれだけは、いまだに答えが見つかっていない。

しかし、確かなことが1つある。

あの打球は、後ろにそらしてはいけなかった。前に落としていれば、バッターは一塁で止まっていた。後ろにそらしてしまったことで、二塁まで進塁させてしまった。菅野に得点圏にランナーを背負ってのピッチングを強《し》いてしまった。一塁で止まっていれば、エラーはエラーでも、状況は違っていた。

結果はご存じのとおり、空振り三振、フォアボールで二死一、二塁となったあと、アンドルー・マカッチェン（当時ピッツバーグ・パイレーツ、現サンフランシスコ・ジャイアンツ）にタイムリーを許し、先制されてしまった。

6回裏に、たまたま僕が同点ソロを打てたけれど、それで帳消しにはならない。打席にはなるべく自然体で入ることを心がけているが、あのときはさすがに「少しでも取り返したい」という気持ちが強かったし、もちろん打てたことは良かった。

でも、スコア上は1対1で、振り出しに戻ったという言い方もされるが、先制点というのは、1点ではなく、2、3点、いや、ときと場合によっては、4点くらいの価値があると思っている。

なぜなら、先制を許したことで、変わる部分が出てくるからだ。

まず、戦術面。例えば、自軍のランナーが出て手堅くバントで送れたところを、リスクを負って盗塁しなければいけなくなったりすることもある。

チームメイトのメンタルが変わってくる可能性もあるだろう。1つのエラーが原因でみんなが固くなってしまったり、いつもなら思いきった選択をするのに、無難にプレーしようとしてかえってポロリとエラーするというのもよく起こることで、よけいなことを考えさせてしまうのだ。

同点ではなく追いかけるという立場に変わったことで、チャンスの打席でも、「打てば、リードできる」から「打たなければ、負けが近づく」という、ネガティブな思考になってしまうかもしれない。

「あいつのミスをカバーするためにも、打ってやろう」という、そのプレーがなければ生まれなかった感情が加わってしまったり、なにかしらの影響を与えてしまう。

とくにロースコアの試合では先制点の重みが増すわけで、この試合がまさにそうだった。あのとき僕の中では、1対1ではなく、1対3、1対4くらいのとらえ方でいた。「取り返せた」という気持ちは少しもなかった。

あの1失点は僕の責任だし、敗戦にもつながってしまった。

本当に悔しいのだが、良くも悪くも、WBCではいろいろな経験をさせてもらった。

「アウトにできればいい」を最優先に、自分のベストを考える

守備のとき、ピッチャーがモーションを始めてから打球に反応するまでの構えも、僕は一般的な形とは異なっている。

中腰の姿勢で構える選手がほとんどだけれど、僕はヒザを軽く曲げるくらいで、フラットに立つようにしている。かつては中腰に構えていた時期もあったし、いろいろな格好をやってみたりもした。自分にとって、いつ、どんな打球でも動けるベストな体勢とはどういうものか。これもプレーを重ねていくうちに行き着いた答えだ。ただし、これは僕にとっての答えであって、誰にとってもの正解ではないだろう。

なんでもかんでも、ほかの人と違うことがしたいわけではない。

でも、身長も体重も筋力も異なるわけだから、1つのやり方が全員に当てはまるというのはありえないと思う。今は変わってきたけれど、昔は型にはめるというか、少年野球の

ときから指導者の方が、「こうやって捕りなさい」「ああやって投げなさい」と、みんなに同じことを教えていた。しかし、実際にはそれぞれに合った方法がある。

プロでは、そこまで形がどうだこうだとは言われない。自分自身も形に縛られないようにしている。

確かに基礎、基本は大切だし、僕もそこはおろそかにしない。応用形もその上にあるものでなくてはならない。けれど、それらだけに縛られるのも違うと思うのだ。

投げ方もそう。小さいころからいろいろな投げ方をしたり、他人のマネをしたりということをやってきていて、千手観音《せんじゅかんのん》ではないけれど、上はもちろん、横からも下からも、いろいろな投げ方が自然とできている。

ジャンピングスローであったり、ダイビングキャッチをしてからの体の起こし方、打球への回り込み方など投げる体勢も含めて、ケースバイケースで、選択肢の中からベストのものをチョイスしていく。

１つのプレーごとには、そこまで多くの選択があるわけではない。高く跳ねた打球なら、前にダッシュしてジャンピングスローか、捕って低いところから投げるしかない。多くても数パターンで、どれにするかは打球を追っている時点で決まるけれど、頭で考えてというより、一瞬のひらめきのような感じ。

だからこそ、日ごろから意識して、いつでも開《あ》けられる引き出しを多く持っておくのが大事だ。

僕の守備における最優先事項は、「アウトにできればいい」。

打球を弾《はじ》いたとしても、拾って投げて間に合えばアウトはアウトなのだ。ただし、そういう考えになれたのも、場数をこなせたから。最初のうちはアウトにできても弾いたりしたときは、「ヤベッ、弾いちゃった」と思っていた。

ほかにも、ランナー一塁のケース。セカンドゴロが飛んできて、二塁は間に合わないと判断して一塁でアウトを取ったときも、ランナーが二塁に進めばピンチが広がるから、「あっ、二塁でアウトが取れなかった」と考えてしまったりもした。それで「二塁で取らなきゃいけない」という思いが強くなって、強引に二塁に放《ほう》ったり、あわててエラーをするというのがすごく多かった。

それも、特別なきっかけがあったわけではないのだが、守備コーチの方に話をしてもらったり、あとは数をこなしていくうちに、「二塁が無理な打球は、一塁でいいじゃないか」という気持ちになれた。

そういった考え方も、人それぞれでいい。自分が最高のパフォーマンスを発揮しやすい、いちばんの方法を見つけるのが重要なんだと思う。

カーブを投げて、送球フォームをチェックする

僕の中では、「捕ってしまえば、こっちのもの」というくらい、投げることには自信がある。送球ミスはまったくしないとまでは言わないけれど、投げることには不安はない。もともと肩は強いほうだと思うし、普段からバッティング練習中にサードに入ってファーストに送球したりして、肩の強さを維持できるようにもしている。

１年目の二軍にいた時期、コーチの方に言われた「ちゃんと長い距離を投げておけよ」という言葉は、僕の頭の中の引き出しに残っている。それに、実際にセカンドでショートスローばかりやっていたら、肩が弱くなる可能性があるなと感じるからだ。

長いシーズンを戦ううえでは、体がしんどいときもあるので必ずというわけにはいかないのだが、少しでも余裕のあるときはサードやショートでもノックを受けて、強い送球を投げる。

それと、練習中にタイミングを見つけて、ベンチ前あたりでスタッフの方に受けてもらい、軽く、投手のようなピッチングをしたりもする。

これは、楽しんでいるところもなくはないけれど(笑)。

でも、きちんとボールを上から投げるというのは、野球選手の基本。それはキャンプ前の自主トレのときからキャッチボールでも意識している。

また、試合前や練習でのキャッチボールでは、必ずカーブを投げる。カーブはフォームがしっかりしていないとうまく投げられないので、そのチェックになる。また、ヒジを前に出すフォームの意識づけも兼ねている。

試合ではいろいろな投げ方をするのだけれど、基本は怠《おこた》れない。上からちゃんとキャッチボールができているから、いろいろな角度からも投げられる。

結果を求めるなら、できる限りの準備をするのは当然のこと。

それに今の野手陣だと、いざ試合でピッチャーがいなくなったときに登板できるのは、丸(佳浩)か、(鈴木)誠也か、僕の3人のうちの誰かだと思う。丸も誠也も高校時代はピッチャーだったし、丸なんて「丸ボール」というオリジナルの変化球も高校のときに投げていたそうだ。

僕も大学時代は、抑えとして試合で投げた経験がある。1試合だったか、2試合だったか忘れてしまったけれど、投げたくて、準備は毎日していた。最速はおそらく145、146キロくらい。今はそこまで出ないだろうが、試合前に行ったりするスピードガンコン

33
33
Ryosuke
33

テストには出てみたい。実際にはシーズン中は体力的にそんな余力はないけれど、どれくらいの球速が出るか試してみたいという気持ちはある。

バッティングピッチャーも、積極的にやった。それも、「絶対、みんな抑えてやる！」って全力投球で。それで肩がさらに強くなったのかなと思えるくらい、目いっぱい投げ込んでいた。カーブを放るときに腕をたたんで投げるという感覚も、大学のころからあった。いろいろな球種も練習したから、変化球の持ち球も、けっこうある。でも、これは秘密。明かしてしまったら、実際に試合で投げるときに抑えられなくなっちゃうから。

登板する機会はなかなかめぐってはこないと思うが、17年のシーズン中盤には緒方孝市監督と、「そういう状況になったら、その3人しか投げられないだろう」という話をした。まだ実現はしていないが、今まで準備してきて良かったな、って思った(笑)。

それはさておき、いろいろなプレーができるのも、スローイングに自信が持てているからだと、僕は思っている。そこには、捕ってくれるファーストの新井貴浩さんやカントリー（ブラッド・エルドレッド）への信頼も欠かせない。

2人とも、ファーストベースについて手を伸ばして届く範囲であれば、送球が多少それたりワンバウンドしたりしても捕ってくれる。本当に安心して投げられる。

感覚は大事だが、それだけではプレーしない

守備範囲の広さをクローズアップしたプレーやダイビングキャッチなどをメディアで扱っていただくが、そういったプレーのイメージトレーニングはしていない。その日ごとのピッチャーの状態の良し悪しなどもあるので、事前にイメージすることは難しいのだ。もちろん、守っているときはこういう打球が来たらこういう動きをしようという準備はしているけれど、ファインプレーのようなものは頭にない。派手な成功を思い描くのは、動画サイトで大好きなブラックバス釣りの動画を見ながら、今度はこうやってみようかなとか、そういうのだけ（笑）。

守っているときは、あくまでも基本的なプレーを頭の中で確認している。

13年から15年まで内野守備・走塁コーチ（16〜17年は打撃コーチ）だった（石井）琢朗さんもそうだけれど、謙二郎さんにとなりについて見てもらったときも、「基本がいちばん大事だ」とずっと教えてもらっていた。本当に、基本のケース。ランナーが一塁にいて、こういう打球はこう処理してショートにトスしようとか、点差があるからファースト寄りの

打球なら無理をしないでしっかりファーストに投げようとか、そのくらいのイメージしかしていない。

あとは打球ごとに、自然体で自分ができる動きで対応している。このあたりは天性というか、「感性」や「感覚」という言葉でしか表現できない部分かもしれない。

でも、そういうものは、常に大事している。

感性とか感覚というのは、生まれたときに親からもらった先天的な要素が大きいだろうし、人それぞれで異なる。だから伝えるのも難しい。

守備だけでなく、バッティングもそうだけれど、僕はこういうふうにやっていると話しても、伝わる人もいれば、伝わらない人もいる。（田中）広輔と二遊間のコンビを組んでいる中でも僕から「こうやって捕って、こう投げればいいんじゃない？」と話すことがあるが、わかってもらえないときは、どんなに言っても伝わらない。

送球もそうだ。捕った体勢が悪いときはワンバウンドで投げればいいのにと僕は思うし、実際にそうしている。

でも、ほかの選手は、投げ方がわからなかったりする。

広輔の場合もそうだし、庄司《しょうじ》隼人《はやと》などの若い選手たちも、「ワンバウンドの投げ方が難しい」と言う。

試合前のノックのときなどにも、「ワンバウンドで投げれば？」と言ったりするけれど、感覚的なものはうまく理解してもらえない。僕からすると、「なんで投げづらいのかな？」となってしまう。

僕は試合のシートノック前などに、ワンバウンド送球をする。天然芝や土は弾《はず》み方が変わるかもしれないのでやらないけれど、神宮球場や東京ドームのような人工芝の球場だったら、ワンバウンドで投げる。どこでバウンドさせればいい送球になるというのがわかっているので、どんな状況でもあわてずに済む。

でも、その感覚がないと、捕ったら急いで目いっぱいの力で送球しなければアウトにならないと考えてしまっている選手もいると思う。

もちろん僕も焦《あせ》ることはあるし、打球に対して迷うことがないわけではない。16年の北海道日本ハムとの日本シリーズ第2戦。2回裏に1点を先制し、迎えた4回表二死一、二塁で、バッターの大野奨太《しょうた》さん（現中日ドラゴンズ）の打球は、イレギュラーな回転がかかっていた。2バウンド目で捕球しようとしたが、弾み方の予測がしづらく、バウンドを合わせることも難しくて後ろにそらし、タイムリーエラーになってしまった。

あのときのような特殊な回転がかかっている打球や、どう跳ねるかわからないときは、「前に行こう」か「待とう」か迷うことがあるけれど、そういったケースを除けば、迷うことはほとんどない。

焦っているときも、その中でどこか冷静さを保てている。プライベートの買い物なんかでは、よく迷っちゃうけれど(笑)。

当然、たくさんの数の打球を受けて培われたところもあるとはいえ、守備における感覚的な部分は、人よりも長《た》けているのかもしれない。そのことに気づかせてくれたのは、高校時代の監督で恩師である大輪《おおわ》弘之《ひろゆき》さんだった。

少年野球をやっていたときから感覚は変わらないので、自分の中では当たり前のことでも、人から見たらそうではなかったりする。

小学生のときはサードをやっていて、高いバウンドのゴロに対して弾んで上がってくるすぐのタイミングでグラブを前に出して捕ったりしていたけれど、それは勘とも違う。自分の中では、入ると思って前に出て、グラブにおさめていた。そういうプレーは、小さいころから人よりもできていたかもしれない。

また、高校時代もサードを守ることが多かったのだが、「このバッター、セーフティーバントをしそうだな」という雰囲気を感じたら、バーッと前に行っていた。大輪さんもおっしゃっていたし、僕の記憶の中でも、セーフティーバントで出塁を許したということはない。そういう感性もずっとあった気がする。大輪さんから、「それは親からもらった天性のものだから、大事にしなさい」と、よく言われていた。

プロに入ってしばらくは、チームメイトやまわりから、「感覚だけでプレーしている」と言われることが多くて、その言葉には違和感を覚えていた。僕の中ではできることをやっているだけなのに、「なんで、そういう言われ方をするんだろう？」と。

そもそも感覚だけでは、野球はできない。考えていることを、プレーとして体現できなければいけない。

そこをどうするかが肝心であって、「感覚だけでプレーする」というのは、おかしいと思う。だから、そう言われるのは好きではないのだが、この感覚を与えてくれた親には感謝している。

他人は気にせず、昨日の自分を超える

「どんな選手を目指していますか？」

カープに入団して1、2年目のころ、そんな質問をよくされた。東京都出身で、小さいときは巨人を見て育ち、仁志敏久《にしとしひさ》さん（元巨人、横浜ベイスターズ）に憧《あこが》れをいだいてい

たので、仁志さんの名前を挙げさせてもらったり、入団時、野手コーチ兼任選手、2年目は内野守備・走塁コーチだった「琢朗さんみたいになりたい」と答えていたけれど、3年目あたりから「誰かを目指しているということはありません」と返すようになった。

自分は、自分でいい。十人十色《じゅうにんといろ》で、感覚もそうだけれど、体も考え方も一緒ではないのだから、誰かほかの人と同じにはなれない。同じになる必要もないと思っている。実際、理想像と言える選手がいるわけでもない。

ただ、こだわっているというほどではないにしても、捕殺の数は意識している。14年にマークした535個はシーズン捕殺数の最多記録で、13年の528個が2位、16年の525個が3位と、トップ3をすべて僕が占めているのだが、欲を言えば、トップ10まで独占したい。

生意気を承知でそこまで言わせてもらうのは、僕は打つほうは、そんなに、ポン、ポンと、ヒットが打てるわけではないので、とくに守備ではチームに貢献したいと考えているからだ。もちろん打てたほうがいいけれど、それよりもチームのための犠牲バントとか、エンドランとか、チームプレーを2番バッターとして大切に考えている。

自分が「打った」「打てなかった」よりも、チームが「勝った」「負けた」のほうに、重きを置いているのだ。

もちろん自分が打って勝つに越したことはないが、自分が４打数、５打数ノーヒットでもチームが勝てたら、「ああ、良かった」と、心の底から思える。

以前はもう少し自分の結果が気になったけれど、今は僕がバントで送って、丸が打ってくれて、１点入った。そういうことが大きな喜びだし、決勝点になったりしたら、よけいにうれしい。そういう気持ちで、１試合、１試合を戦っている。

チームに対して、僕の場合は守備が、最も力になれる分野なんじゃないか。そう思うと、１つでも多くアウトに絡《から》みたい。相手を０点に抑えれば、引き分けはあっても、負けは絶対にない。

幸い、緒方監督も守り勝つ野球を標榜《ひょうぼう》しているし、球団としても守備面を高く評価してくれている。

もちろん、監督や球団のニーズにこたえるのは選手の役割でもあるのだが、16年のオフに鈴木清明《きよあき》球団本部長から「守備だけで、１００打点以上の価値がある」と言っていただけたのはうれしかった。

16年には打率３割をクリアして最多安打のタイトルも手にできたけれど、「３割打ったから良かったな」とか、「最多安打を獲《と》れて良かったな」とかよりも、「守備で失点を抑えてくれた」という言葉が、いちばん心に響いた。

Carp

僕の中では守備が第一で、自分の守備によって失点を防ぐなんて大きなことは言えないけれど、できることはしっかりやるという思いで、捕殺の数も口にしている。

ただし、「ランキング1位から10位まで」と言ってはいるが、試合では、その場、その場の守備で、いかに貢献できるかを考えているだけ。捕殺数は、シーズンが終わったときにはっきりするもので、14年の５３５個を目指してやるわけではない。多ければ多いほどいい。結果として、これまでの数を上回っていればいいという感じだ。

でも、自分を超えるのはキツい。いかに難しいことかを、毎年、毎年、ひしひしと実感している。

それでも、過去、そして昨日の自分を超えようとすることで、成長できる部分があると信じて、その背中を追いかけている。

どんなプレーも、固定観念は排除する

先ほども触れたように、こんな選手になりたい、目指したいというような理想はないけれど、これまでの常識にとらわれることなく、プレーしたいとは考えている。それが、自

分にとっての守備や野球全般についての理想像の1つなのかもしれない。

試合の中で、瞬時の発想でなにができるのか。

17年シーズンには、こんなプレーをした。

4月20日の横浜DeNAベイスターズとの一戦で、場面は0対0の2回表、無死一、三塁。バッターは6番の倉本寿彦《としひこ》。三塁ランナーは筒香嘉智《つつごうよしとも》。

倉本がショート正面のゴロを打って、二塁上で広輔からのトスの送球を受けた。普通ならここから一塁に転送してゲッツーを狙うのだが、筒香の走っている位置、スピードを視界にとらえていた僕は、捕ってから素早く本塁に送球した。

前進守備は敷いていなかったけれど、できることなら先制点は取られたくないと感じていた。一塁に投げれば、併殺《へいさつ》で2アウトにできたとは思う。しかし、1点を失う。筒香は決して足が速くない。これは本塁で刺せるかもしれないと判断して、一塁は見ずにキャッチャーに投げたのだ。

僕が本塁に送球してくるというのは、筒香の頭の中には入っていなかったのだろう。スライディングはせずにホームベースを駆け抜けて、送球に驚いた様子を見せていた。

結果はセーフ。

でも、コリジョンルールが導入される前のようにキャッチャーがブロックをしても良かったのなら、アウトにできたんじゃないかと思えるくらいのタイミングだった。

三塁ランナーはリードを取っているから、距離的にはバッターのほうがアウトにしやすい。でも、バッターランナーはゲッツーを防ごうと一塁へ全力で走るのに対して、本塁へ送球が来ないと思っている三塁ランナーには隙《すき》が生まれやすい。

筒香がスライディングをしなかったように、固定観念が油断を生む。一、三塁のケースは、そうやって、まず二塁でフォースアウトを取って、次に本塁でタッチアウトを奪う。そういうプレーが可能なんじゃないかと感じた。

これが一死となると、判断はまた難しくなる。ゲッツーが取れると思えばファーストに投げて失点を防げばいいのだが、際どいタイミングならどうするか。併殺崩《くず》れで三塁ランナーを還《かえ》してもいいという守備隊形のときでも、本塁でアウトにできる確信が持てたら投げるのもありだと思う。

バッターと三塁ランナーの走力の比較、そのときの点差や試合の流れ、ピッチャーの調子や次のバッターなどなど、様々なことを考慮して答えを導かなくてはいけない。

このときは、倉本のあとの白崎浩之《しらさきひろゆき》、戸柱恭孝《とばしらやすたか》は、当たりが出ていなかった。仮に点差に余裕があったとしても、やらずに済むのなら、点は与えないほうがいい。

17年５月６日の阪神戦（甲子園球場）では、９点ものリードをひっくり返されて、カープはまさかの負けを喫している。1点取られたことで、ピッチャーがダダダッと一気に崩れることもあるのだ。

本塁に投げたそのプレーは今までにないアイディアで、「あれ？　これ、ひょっとしたら」とパッとひらめいたものなのだけれど、そういう考えが浮かんだというのは自分がちょっと進化できているのかなとも思える。

みんなが発想しないプレー。新しい野球。今後もいろいろな挑戦をしていきたい。

ピッチャーへの声かけを、あえて控える

17年シーズン、僕はピンチなどでマウンドに行ってピッチャーに声をかける回数が減った。よく試合を見てくれている方の中には、気づいている人もいるかもしれない。16年は僕ばかりというイメージもあったみたいで、「最近、マウンドに行かなくなったね」と言われることもあった。

それくらい少なくなったのだが、これは意図的に減らしたものだ。16年まではタイミングを見ながら率先してピッチャーに近づいていき、僕の動きに合わせてほかの内野手も寄

ってくるということが多かった。

でも、やっぱり、一緒にチームを引っ張っていく広輔やほかの野手にもそういう役割を担《にな》ってもらったほうが、その選手個人にとっても、チームにとってもプラスになると思ったのだ。

ピッチャーも僕だけじゃなくて、いろいろな野手の考えや話を聞いたほうがいいし、それによって信頼関係も築きやすい。だから、ここは集まったほうがいいなと感じても、「誰が行くんだ、誰が行くんだ」と待つようにした。

ときには、「えっ、ここ、誰も行かないんかい。じゃあ、俺、行くわ」というケースもあったけれど、広輔だけでなく、安部もけっこう行くようになったたし、たまに新井さんが行ってくれたり、（西川）龍馬がサードで出ているときは彼が動くときもあった。

昔は梵英心さんか、僕か、という感じだったけれど、当然、チームも変わってきているし、それぞれが行ってくれるようになったのを見ると、みんな自信を持てるようになってきたのかなと頼もしくも感じる。

また、内野手が行きすぎてしまうと、ピッチャーに変にあれこれと考えさせてしまう可能性がある。それもいやだし、ピッチャーもいっぱいいっぱいになっているときもあるのだから控えたところもあった。

ピッチャーが苦しんでいて、フォアボール絡みで失点してしまったときに、マウンドに行って「フォアボールを出すなよ」「真ん中に投げろ」と言ってもしょうがない。しっかりしてほしいと思うときも正直あるけれど、ピッチャーが抑えているのに野手が点を取れないときもある。そこはお互いさまなのだ。

しかし、そういう局面でピッチャーのところに行くと、どうしても諌《いさ》めるような言葉が出てきてしまいがちでもある。

それなら一歩、下がってみる。

野手があれこれ言わず、ピッチャーに自分の思うようにやってもらったほうがいいんじゃないかなと、ちょっと思うようにもなった。

そのあたりの見極めをしっかりするように変わった。

前半戦はとくに気をつけていたのだが、一歩引いて俯瞰《ふかん》して見るようになったことで、僕の中ではそれまで見えていなかったことが見えるようになったり、周囲を見渡せるようにもなった。

言葉ではうまく言えないけれど、後半戦はいろいろな局面において、ピッチャーやチームの雰囲気を感じ取れるようになったと思う。「ここは1回、釘《くぎ》をさしておかないといけない」とか、逆に「ここは言いたいし、16年までなら動いていたけど、今は行くのはやめておこう」とか。さらにバッターのリズムがいいから、ここは間《ま》をとろうといったケースもあった。そういうことが「見える」ようになった。

加えて、17年は内野陣として次のステップというか、誰でもマウンドに行ける状況になった。それがピッチャーから見て、「守ってくれている」というふうに感じてもらえていたらうれしい。

グッと堪《こら》えることで、個人的にも我慢することを覚えられたから、思いきって変えてみて、良かったと思う。

先発を外れても、やれることはなんでもやる

「龍馬、すまん」

17年シーズンの守備の中で、違った意味で強く記憶に残っているシーンが5月6日の阪神戦だ。あの大逆転負けした試合、僕はスタメンを外れて、ベンチにいた。代わりにセカンドで先発出場したのが龍馬だった。

この試合がカード2戦目だった阪神との3連戦、僕はすべて欠場した。前日の試合も龍

馬がスタートからセカンドを守ったけれど、おそらく当日になってからセカンドで行ってくれと言われたんだと思う。

若い選手の気持ちを考えれば、「よっしゃ！　試合に出られる」と思った部分もあるだろうが、普段はサードが多いため、不慣れなセカンドでの出場にプレッシャーも感じていたはずだ。その日の龍馬のエラーは、失点には結びつかなかった。

だが、翌6日の試合では、9対0から8点を奪われて1点差に迫られた7回裏一死一、二塁で、飛んできたゴロを取り損ね、二塁ランナーが一気に生還する「同点エラー」。リプレー検証の結果、二塁ランナーの本塁突入はセーフからアウトに覆《くつがえ》ったけれど、龍馬にはつらい思いをさせてしまった。

すごく申し訳ないと思ったし、見ていて本当に心苦しかった。

欠場理由に関しては「コンディション不良」というだけで、具体的には説明しなかった。なぜなら、弱みを見せたくなかったから。

あのころはとても苦しい時期だった。

終わった今だからお話しするけれど、WBCを戦い終えてアメリカから帰ってきたあと、時差ボケがなかなか解消されずに、眠れない日が続いた。人によってはすぐに戻せるのだろうけど、僕の場合は時間がかかってしまった。

デーゲームはダメでも、ナイターなら。そう思っても、やはり頭が冴《さ》えない。試合が終わって家に帰ってきても全然寝つけず、１時間、いや30分でも眠れればいいほうという日もあった。

そのうえ、ナイターとデーゲームで時間のズレがまた生じる。強い睡魔に襲われ、試合中にもかかわらずめちゃくちゃ眠くなって、ボーッとしてしまうことすらあった。

そんな状態でプレーを続けていたせいか、少しリズムを取り戻してきたなと思ったら、今度は体がとにかく重い。４月なのに、例年の６月とか７月くらいの疲労感だった。

疲れが一気に出たせいなのかわからないけれど、体の動きが自分の感覚とはまったく違う。バットの芯《しん》でしっかりとらえたつもりでも、実際にはボールの下を打っていてファウルチップになってしまうということが多かった。

フィジカル的にも、右足の股関節《こかんせつ》、四頭筋《しとうきん》に痛みを感じるようになった。

最初はただの筋肉痛だろうと高《たか》をくくっていたのだけれど、なかなか良くならない。これはちょっと違うなとなってきて、さらに悪化すると痛みも激しくなって、歩くのもつらくなってしまった。

なんとか我慢してやっていたものの、そのうち痛みは脇腹の高さまで来てしまう。それによって足を上げることもままならなくなってしまったのだ。もう足を引きずるようにしか走れなかった。

それでも「休みたい」とか「試合に出られない」とは絶対に言いたくない。緒方監督に「大丈夫か?」と聞かれれば、「全然、大丈夫です」と答えていた。

しかし、5月に入ってもずっとそんな状態で、4月中旬にはなんとか打率が3割を超えていたのだが、欠場前には2割5分を切ってしまっていた。緒方監督からはトレーナーさんを通じて、「無理をして状態が悪化したり、戦線を離脱されることがいちばん困る。それだけは避けてくれ。この3つは休め」と告げられた。

それで阪神戦の3試合、休ませてもらったのだが、龍馬やみんなに迷惑をかけてしまった。せめてこれだけは、とベンチにいても、ずっと立って声を出していた。

体のことを考えれば座ったほうがいいのだろうが、あまりの申し訳なさに座る気にはなれなかった。

みんなに声をかけ、ベンチ前で出迎える。小さなことかもしれないけれど、やらずにはいられなかった。

でも、自分がつらいとき、うまくいっていないときこそ、できることをコツコツとやるしかないんだと思う。そうすることで、流れが変わるような気もする。

モチベーションが上がる「出会い」もあった。

知り合いの飲食店に行ってトイレに入ると、そこに17年の球団公式カレンダーがかけられており、なにげなく目を向けると、丸と自分。「俺、5月だったのか。これは今月、活躍しないとヤバいぞ！」と、気持ちを上げていった。

試合後半で代走を出してもらうこともけっこうあったけれど、プレーしながら治すという昔流のやり方で、5月末から始まった交流戦の途中には右足の痛みは引いた。

不思議なのだが、いきなり一気に良くなった。体の中に入っていたなにかが、パッと出ていったような感じ。

足をさわると張りがまだあったけれど、痛みは感じなくなった。そこからまた疲れが出たりと、思うような状態で戦えた期間は長くなかったが、リーグ優勝まで走り続けることはできた。

劣勢ならば、流れを変えるプレーを意識する

17年のペナントレースで、自分のベストプレーはどれか。

振り返ってみたのだけれど、これというものが浮かばない。思うようにいかないことが

多い中で、なんとかやっていた。そんなシーズンだった。

それでも常に「打てないときは守備で貢献しよう」という思いを持ってやっているし、いつも試合展開などを頭に入れていて、劣勢のときなど状況によっては流れを変えるプレーができたらとも思っているけれど、それも特筆するものはなかった。

ただ、8月27日の中日戦のプレーは、冷静にまわりが見えていたという意味では良かったかもしれない。

1回表に4点を奪われ、2回裏に2点を返すも、4回表に2点を取り返されるという終始、追いかける展開。なかなかチャンスも作れないまま6回が終わり、7回表には代わったばかりの九里亜蓮《くりあれん》が先頭打者の大島洋平さんに3ベースヒットを打たれてしまった。

もう点をやれない場面で、次打者のアレックス・ゲレーロ（現巨人）は空振り三振。続く福田永将《のぶまさ》さんのセカンドゴロを自分がさばいて三塁ランナーをアウトにして、二死一塁。しかし、藤井淳志《あつし》さんに内野安打を許して一、二塁と、再びピンチを背負った。

さらに、次の高橋周平の打球は、一、二塁間に転がった。当たりは決して良くなく、僕は左斜め後方に走りながらスライディングして打球に追いついてキャッチし、一塁ではなく、本塁に送球して3アウトめを奪った。

冷静な精神状態であれば僕にとっては普通のプレーだけれど、そのときもしっかりと状況判断ができていたとは思う。

まず、弱めの打球が転がってきた時点で捕球できても間に合わないから一塁への送球を選択肢から消し、打者走者の高橋を見るという無駄な動きをしなかった。次に、捕球して二塁ランナーの福田さんが三塁を回ることもあると思って間髪入れずに確認した。さらに、打球を追いかけながらイメージもしていたのだけれど、福田さんの位置を見てタイミング的に余裕があるのがわかったので、あわてずにワンバウンドの送球を選んだ。実際、悠々《ゆうゆう》アウトだった。当然、相手選手それぞれの走力も考慮しての判断だった。

それを、捕ってから焦って、一塁や本塁に投げて暴投でもしてしまえば、失点になってしまう。

試合は結局、８回裏に丸の３ランで１点差まで詰め寄ったが、５対６で敗戦。逆転できれば良かったけれど、事前に状況を整理して、準備しておくことは守備において欠かせないことだと、改めて思った試合だった。

Carp

Carp

第3章

打撃・走塁を磨く

～型にはまらない攻撃の力と戦略～

技術の追求に、ゴールはない

野球だけでなく、スポーツをやっている人にとって、技術の追求は、どこまで行っても終わることはない。「これでいい」というゴールはない。

いや、スポーツに限らず、どんな世界でもそうなのだろう。違うジャンルの技術職の人も同じだろうし、携帯電話だってテレビだって、製品はどんどん進化していく。足を止めたら、置いていかれる。たぶん、そこに終着点はない。

ヒットを打つという面で日米通算４０００本以上を打っているイチローさん（シアトル・マリナーズ）のバッティングが１００点満点と評価する人もいるが、おそらくイチローさん本人は、１００点だとは考えていないのではないか。

僕は、ヒットを打つ技術に関して言えば、完璧《かんぺき》というものはないと思っている。もし、そういう選手がいれば、毎打席ヒットを打って、打率は10割でなくてはおかしくなる。しかし、実際には日本のプロ野球では10割どころか、４割を打ったバッターも存在していない。シーズン最高打率は、１９８６年に阪神のランディ・バースが残した3割8分9厘。日本人では、イチローさんがオリックス・ブルーウェーブ（現バファローズ）時代の２０００年にマークした３割８分７厘が最も高い打率となっている。

生涯打率（４０００打数以上）に目を移すと、１位はロッテオリオンズ（現千葉ロッテマリーンズ）で11年間プレーしたレロン・リーの３割２分。２位の若松勉《つとむ》さん（元ヤクルト、元ヤクルト監督）が、３割１分９厘で続く。

現役選手（２０１７年シーズン終了時）の生涯打率で見てみると、右バッターとしてのシーズン最高打率３割７分８厘を08年に記録し、史上２人目のセ・パ両リーグでの首位打者にも輝いている、福岡ソフトバンクホークスの内川聖一《せいいち》さんがトップ。しかし、それでも３割１分。

海の向こうのメジャーリーグでは、かつて年間通しての４割バッターがいたようだが、それははるか昔の話。伝説の時代ではない近代野球になってからのメジャーリーグでは、イチローさんがシーズン最多安打２６２を樹立した04年の３割７分２厘のほか、３割後半をマークしたバッターも数人いるが（近年では、１９９４年にサンディエゴ・パドレスのトニー・グウィンが記録した３割９分４厘が年間最高）、やはり４割バッターは誕生していない。生涯打率では、もちろん４割以上はいない（昔の記録ならタイ・カッブの３割６分７厘、近年ならグウィンの３割３分８厘が生涯記録として最高）。

バッティングは10回のうち3回ヒットを打てれば、「3割バッター」ということで一流として認めてもらえるが、その難しさが伝わる数字だと思う。

バッティングとは、それほど成功を重ねるのが容易ではないのだ。2017年のセ・リーグで言えば、3割バッターは安部（友裕）、丸（佳浩）、（鈴木）誠也を含む7人。パ・リーグに至っては、わずかに2人しかいない。

つまり、ほとんどの選手が、10打席のうち7、8回は、ヒットを打つことに失敗しているということだ。

だからこそヒットを打つ技術を追求するのと同時に、いかに凡打を意味のあるものにしていくかも求めていかなければならない。

ヒットと凡打では結果による影響の大きさは違うが、回数の割合としては、凡打のほうが断然多い。

それをいちばんに考えなくてはいけないというのは、16年から17年までカープの打撃コーチを務められた（石井）琢朗さんを中心に、チーム全体として、春季や秋季キャンプでのミーティングなどで詰めていった部分だった。

1試合に4打席回ってきたとする。その中でヒットが1本だったということは、3度は凡退している（四死球もあるが）。その凡打は、どういう内容だったのか。

しっかりミートして打ったものの野手の正面でアウトになるのと、タイミングを崩《くず》されて完全に打ち取られるのでは、相手に与える印象やプレッシャーがまったく異なってくる。ピッチャーに投げさせる球数も重要な部分。粘ってより球数を多く投げさせるほうが、相手はいやがる。

ほかにもランナーを進めるための進塁打もあれば、送りバントやスクイズ、犠牲フライもある。７割のアウトを、どうやってチームの勝利につなげていくのか。それがほかの球団よりもできていることが、リーグ優勝、連覇できた一因だったのだろう。

ヒットを打つ技術は、どんなに磨き続けても打率は3割を超えるのがいいところで、現実には10割を打つのは不可能。それでも、10割を目指して練習する。

人それぞれ目標の立て方は違うかもしれないけれど、僕はそれが当然だと思っている。到達することのできない領域だとしても、道が続いているのなら、追い求めることを怠《おこた》ってはならない。

凡打の内容を突き詰めていくこともそう。そのためには打席でしっかりと状況を把握して、なにをすべきかを整理して臨む。もちろんいろいろな技術、練習が不可欠だが、チームに貢献する凡打は、10割とは言わないまでも、ヒットを打つよりもかなり高い成功率まで持っていける。

いずれにしても、高い技術を追求する作業というのは、野球に限らずプロなら誰もが向き合うべきことで、引退、定年、その仕事を離れるまで続いていくのだと思う。

小さな体でも、バットの出し方と打球の角度でホームランが打てる

バッティングで大事なのは、とにかくタイミング。それがすべてと言っても、言いすぎではない。タイミングさえ合わせられれば、かなりの確率で打つことができる。でも、これが簡単ではない。相手バッテリーはそれを崩すために、いろいろと策を講じてくる。こちらもピッチャーの特徴や癖だったり、いろいろ考えながらタイミングの取り方を工夫する。その戦いだ。どんな打ち方でも、タイミングがとれれば、ボールをとらえられる。

外国人選手を見てもそう。それぞれに意識しているポイントはあるはずだが、本当に自由というか、自分の好きな形、スイングの仕方でバットを振っている。

もちろん、バッティングフォームがなんでもいいわけではない。僕もとくにプロに入ってからは、試行錯誤してきてもいる。1年目から打撃コーチの方に教わりながら、ノース

テップとか、いろいろと試した。

プロ2年目の13年のころは、シーズン中でも試合ごとにグリップを上げたり、下げたり、トップの位置やスタンスを変えたりもしていた。

また、練習でティーバッティングをする際には、当時の打撃コーチの新井宏昌さんともよく話をしながら、「今日はこうしてみよう」といった感じでバリエーションを入れて取り組んでいた。

そうやっている中で、大事なのはタイミングのとり方だと感じたのである。

左足を上げて打つことは早くから決めたことだったが、上げてからしっかり「間《ま》」を作って、粘れれば打てる。そう考えるようになっていった。

また、タイミングが合えば、体の小さな僕でもホームランを打つことができる。

16年は13本、17年は14本のフェンスオーバーがあった。打席数がだいぶ違うけれど、14本は体重が100キロ近くある、マッちゃん（松山竜平）と同じ本数。

僕はホームランバッターではないので、その本数はアピールするところではない。

ただ、基本的には崩されてもなんとか食らいついてヒットできるようなタイミングのとり方を意識している。そのため、小さな体でも打球を遠くに飛ばすことはできるし、プロの世界でホームランだって打てる。

体が小さいからということで長打をあきらめている野球少年、中高生の球児たちには、それを理由に無理だとは思わないでほしい。

タイミングを合わせるためのポイントも、そんなにあるわけではない。構えは自分のラクな体勢がいちばん。始動に関しては、プロでやるには早いほうがいいと考えている。

僕が子どものころはピッチャーが150キロを出せば驚かれていた時代だったが、今はそんなピッチャーはゴロゴロいる。150キロ台後半も珍しくないし、160キロ以上の速球を投げるピッチャーだっている。

やはり早くタイミングをとり始めないと、差し込まれてしまう。最初の段階でよけいな力が入っていると、スムーズに動き出すことができない。

技術はそのあと。タイミングが合っていなければ、持っている技術を生かすことは難しくなる。そのうえで、打球を飛ばすコツとして挙げられるのが、バットの出し方と打球の角度だ。

例えば、ロングティーで打球を飛ばそうと思えば、球を上から打っていては、そうはいかない。昔は、「バットは上から振れ」と教えることが多かった。しかし、それだと球を切るように打つことになり、球に回転はかかるものの、上がりすぎて飛距離は出ない。

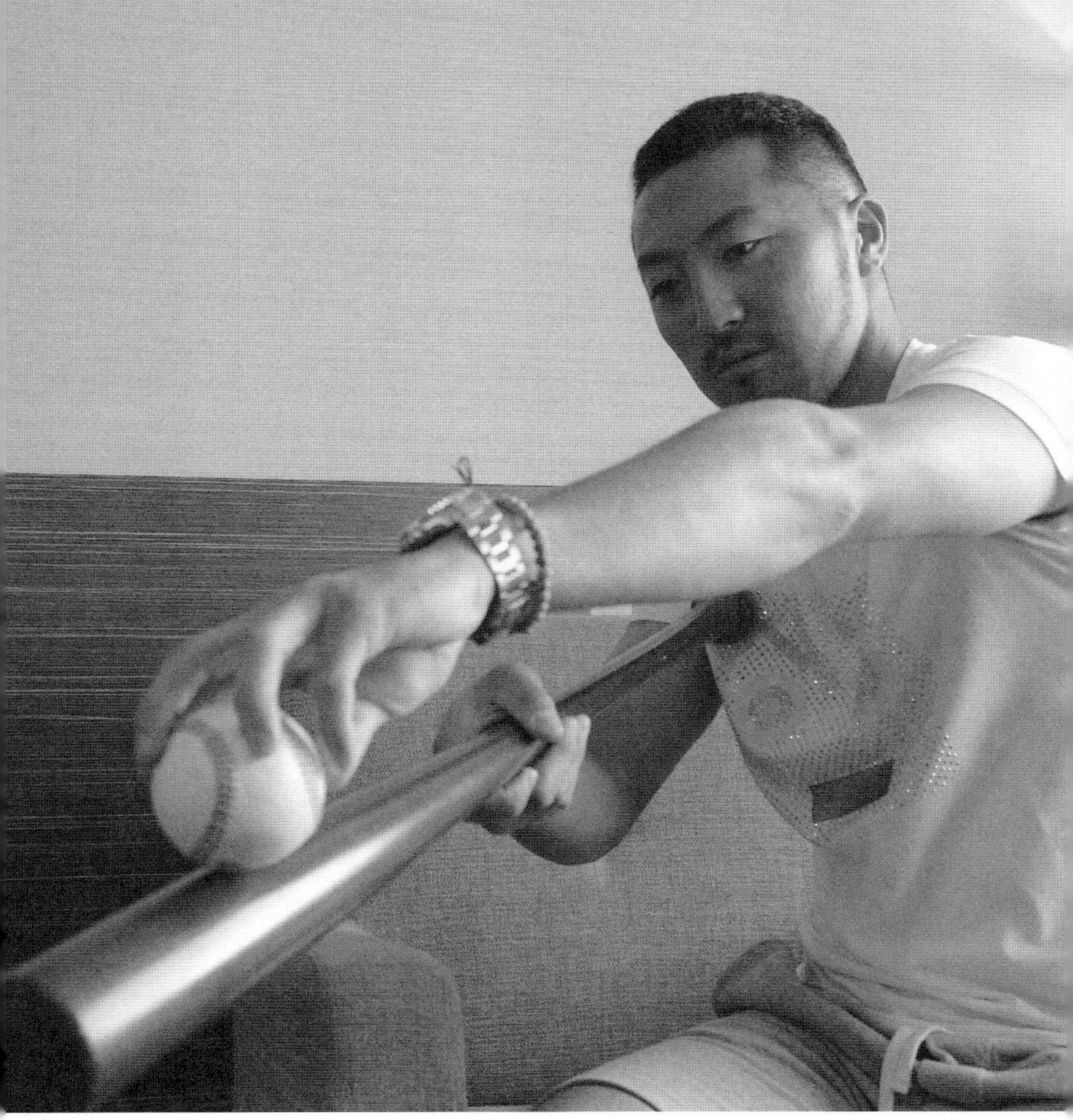

また、球の芯《しん》をバットの芯で打つと、ライナーで回転の少ない打球になってしまう。だから、バットを少し球の下に入れてやる。そこから押し込んでいくときにちょっと、こすってやる。

そんなイメージでスイングできると、ボールに思いきり回転がついて飛距離も伸びていき、フェンスの向こうまで届く打球も出てくる。

バットのスイング軌道としても、ちょっと下から出すようにして角度をつけると、打球が飛ぶ。

ピッチャーのストレートは、水平に来ている印象があっても、実際には投げおろしているので、角度がついている。アッパースイングと言うと大げさだが、バットは球の軌道に対して水平に合わせていかないといけない。「上から打て」というのは、やはり、理にかなっていない。カーブだったり、フォークだったり、落ちてくる球も、上から振っていては絶対に飛んでいかない。

例えば、巨人の坂本勇人さんにしても東京ヤクルトの山田哲人《てつと》にしても、けっこう下からバットが出ている。福岡ソフトバンクの柳田悠岐《やなぎたゆうき》さんも、下からバーンとスイングする。

ただし、勘違いをしてはいけないのは、上から打つのが必ずしも間違いと言っているわけではないこと。

中距離、長距離バッターのように飛距離を出すためにという意味では間違っているのであって、アベレージを稼ぎたい、内野安打を増やしたいバッターだったり、ゴロを打ちたい場面なら、上から打っても全然かまわない。

本当に、角度で飛距離は全然違ってくる。ポップフライなのか、ホームランなのか。それともゴロになるのか、ライナーになるのか。

しかし、「その角度は何度だから、それをマネしてほしい」とは言えない。第2章でも触れたが、僕にとってのベストが、誰にでも当てはまるとは限らないからだ。

カープでいちばん打球を飛ばすカントリー（ブラッド・エルドレッド）みたいな打ち方を僕がしても、飛距離は出ない。人それぞれ、体の大きさも違えば、手足の長さ、筋力の強弱、バットの長さ、体の使い方なども全然異なる。10人いれば、10通りの答えがある。これは自らで感覚をつかむしかないと思う。

僕はオフシーズンの自主トレで、投げてもらった球を上から叩《たた》いたり、水平に叩いたり、下から叩いたりと、いろいろ試してみたこともあった。軽いスイングであれこれ角度を変えて打ってみて、どういうふうに打ち出すのがいいのかを探った。

いいなと思った角度で、今度は段々と力を入れてどこまで飛距離が伸びていくのかを確認して、ベストをさがし出したのだ。

ボールをバットに乗せて、回転させて飛ばす

バッティングでもう1つ重要視しているのは、球がバットに接している時間を長くすることだ。よく「ボールをバットに乗せる」という表現が使われる。乗せている時間が長ければ長いほど、ボールを強く弾《はじ》くことができる。

では、そのために必要なことはなにか。バットのしなりだ。ゴルフと一緒で、しなったものを球に引っつけるイメージ。バチッと当てるだけでは、打球はなかなか飛んでいかない。これも、自主トレをともにする後輩たちには必ず言っている。

しなりは、高校時代から頭に入れて練習してきた。というより、その感覚が身につきやすい器具があって、それをめちゃめちゃ振らされていた。

もともとはゴルフ用の器具だと思うけれど、ゴルフクラブのような形状をしていて、シャフト部分がフニャフニャで、ヘッドは重みがある。そのため、振るとヘッドが遅れて出てきて、へその前でパンッと返って体に巻きつくようにして当たる。何度も何度も振って、バットがしなってヘッドが遅れて出てくる感覚が、体に染《し》みついた。

グラウンドを整備するのに使うトンボを振る人もいるが、あれだと僕には重すぎる。かなり力が必要だし、意識もしなりに持っていきづらい。それなら普通のゴムチューブのほうがいい。バットが球に当たってからヘッドがパンッと速く返るイメージは、手放さないようにしている。

打球に回転を加えることも、大切になってくる。

ほかの選手のバッティング動画を見たりすることもあって、柳田悠岐さんがテレビかなにかで、球をバットでとらえてから手首を返す際には、球に回転をつけるのを意識しているというような話をしていた。より回転がかかることによって、遠くに飛んでいくんだと。

僕も手首の強さは大事だと思う。手首をしっかり使えずになでるように打ったのでは、力強い打球にはならない。

とくに逆方向に打つときは、そういう打ち方になりがちで、打球も飛ばしにくい。反対にインコースは、いやでもスイングするときに体が回るので、なでるような打ち方にはならずに、球に回転もかかる。

ミートポイントも前でさばくタイプだったが、２番バッターを任されて逆方向に打つ必要性が高まったことで、ボールを引きつけて打つ技術が不可欠になった。

しかし、始めたころはなかなかうまくいかなかった。結局、なでるような打ち方になってしまい、打球に回転がかからずに弱々しい打球しかいかない。とにかく打って、打って、飛ぶ感覚を求めた。

そうしているうちにわかったのが、逆方向に強く打つときでも、やはり手首の返し方によるところが大きいということ。幸い、リスト（手首）は強いほうだが、見えていたメーカーのマークが見えなくなるくらい回転するようにバットを使って振ると、球にちゃんとスピンがかかる。その返しのタイミングなどをずっとティーバッティングで体に慣らしていって、自分の力が入るところで打てるようにしていった。

17年のWBC準決勝のアメリカ戦で打った同点ホームランは、ライト方向だった。相手のネイト・ジョーンズ（シカゴ・ホワイトソックス）は狙《ねら》って打てるようなピッチャーではないし、本当にたまたまだ。

変則的なフォームから投じてくる球は、めちゃくちゃ速かった。打った球も158キロ。しかも、ジョーンズの真《ま》っ直《す》ぐはカットボールのように動いてくるだけでなく、浮いてくる感じ。

1ボール2ストライクと追い込まれていたし、振ったらたまたまそこにボールが来たという、出会い頭《がしら》みたいなものだったが、打球がよく飛んでくれたのは、ボールに強い回転を与えることができていたからだと思う。

GERS.COM

例えば、丸は鍛え上げたガッチリとした体をしていて、すごく打球を飛ばせる。そこまでの当たりは無理としても、僕のような体の小さい選手、パワーのないバッターでも、体の動かし方を工夫したり、バットをうまく使うことで、フェンスを越える打球を放《はな》つことは可能になる。

10回に3本のヒットよりも、10本の進塁打に価値がある

ここまでは、打球を遠くに飛ばすことに重きを置いた場合の考えを書いてきた。

しかし、長打が出るのは、練習してきたことがうまくハマったとき。ケースバイケースで長打を狙うことはあるにせよ、それはあくまでレアケース。僕がチームから求められている部分は、そこではない。

僕のいちばんの役割は、2番バッターとして、前後のバッターをつなぐこと。ランナーがいるときに、どんなバッティングができるかだ。

チームとしては打ってチャンスを広げてほしいというときもあるし、きっちりバントで送ってくれ、あるいは、最低でも進塁打でランナーを進めてくれ、という場合もある。

その要求には、なんとかこたえたい。こたえなければいけないという、そこへの責任は強く感じている。

当たり前だけれど、打席に入れば誰だってヒットを打ちたい。打撃のタイトルも獲《と》りたいし、できることなら通算2000安打を打って、名球会の緑色のジャケットだって着てみたい。プロに入った時点では、みんな絶対にそう思っている。

でも、チームの一員として優先すべきは、「個」よりも「チーム」だ。

僕の中での2番バッターの理想というものは、ベンチのサインや要求を100パーセント遂行《すいこう》できる選手。バント、セーフティーバント、ヒットエンドラン、進塁打など、様々あるリクエストを、きっちりとこなしたい。

それは、2番バッターとして歩み始めたころから変わっていない。（野村）謙二郎さんが監督のときによく言われたのは、「打てなくても、送りバントだったり、守備だったり、できることをやりなさい」ということ。それが、体のどこかに染みついている。

ヒットを打てるに越したことはないけれど、前述したように、いいところ10回に3本。それよりも、バントのサインが10回出たら、10回すべて決めたい。

進塁打も毎回、成功させたい。指揮官が謙二郎さんのときから緒方孝市監督の1年目までは進塁打はそれほど期待されていなかったと思う。だからバントのサインがよく出ていた。

もちろん、ランナーが一塁や二塁にいれば、ランナーを進めるバッティングをしようというのは頭にはあった。

しかし、2番バッターとして、どの打席でもそうするというところまでは求められていなかったはずで、それはまだ右打ちする技術がそこまで備わっていなかったというのもあったと思う。

バントの数は、13年が50個、15年が49個で、ともにセ・リーグの最多犠打。14年も43個のバントを決めているが、それらは、まだバントしかできなかったから記録できた数字とも言える。

それが16年は23個、17年が30個と少なくなったのは、バントのサインが減ったからで、状況を踏まえて進塁打を打ってくれると信頼してもらえるようになれたからなのかなと思う。ランナーが二塁にいれば、タイムリーヒットを打って喜びたいけれど、僕の役割の中ではランナーを進めることが先決。

無死だったら、僕の送りバントや進塁打によって、一死三塁の形を作れる。そうなれば、外野への犠牲フライや、内野ゴロでも、打球によっては三塁ランナーがホームに還《かえ》ってこられる。バッテリーミスでも1点が入る。相手が前進守備を敷いてくれれば、ヒットゾーンが広がって、次のバッターのヒットの確率が上がる。

僕の右打ちが結果としてヒットになってくれればベストだけど、優先順位で言えばそれが先になることはない。

あくまでも、チームの勝利にいかに貢献できるかだと思っている。

不調のときは、割りきって我慢する

以前は初球からどんどん打ちにいって早いカウントで結果が出ていたが、今は好球必打という考えを失わないまま、追い込まれてからもなんとか粘ってフォアボールを取れるようにとも考えている。

16年は181安打で最多安打のタイトルを獲れたけれど、それも、前を打つ1番バッターの（田中）広輔が一塁に出て、進塁打のサインが出たときに、僕の打球が広い一、二塁間を抜けてくれたというケースも、すごく多かった。

丸という、いいバッターが3番打者として後ろに控えてくれているから、僕がアウトになってもランナーを返してくれるだろうという安心感を持てる。４番バッターにも頼もしい新井（貴浩）さんがいた。

だから、僕だけの力で獲った最多安打ではない。それは断言できる。

17年なら、誠也や、マッちゃん。後ろに打ってくれる人がいるというのは大きい。そういう効果は絶対にある。

17年に関しては、序盤に体調をうまくコントロールできなくて、すごく苦しんだ。「前の年は奇跡だったのかな?」と思ってしまうくらいのところまで、ヒットを打つことが難しくなっていた。

確かにシーズン当初は最多安打を獲ったからというプレッシャーもあったけれど、それを上回る疲労だったり、コンディション不良で、自分の体が自分のものではないという感覚だった。

それらは大きな問題ではあったけれど、思うような結果を出せなかった要因は、ほかにもあった。

僕はパーセンテージで言えば引っ張る打球が多いバッターだったと思うが、16年は右方向に、けっこうヒットを打っていた。ヒット数でいちばん多かったのはセンター方向だったけれど、ライト方向へのヒットは、レフト方向へのヒットとほぼ同じだったくらい。

そのため、翌シーズンは他球団のバッテリーも当然、ライト方向に打ちづらいインコースを攻めようというふうになる。

17年は、自分の中で、どういうふうに打っていこうかという迷いが生じていた。そして、結果としても右方向へのヒットはほぼ半減した。

そんな状況で考えたのは、やはり進塁打を打つとか、ファウルを打って逃げるとか、状況に応じたバッティング。何度も言うが、ヒット以外でも、チームに貢献できることがある。サインが出ていなくても、ランナーがいたらセーフティーバントをしてみようとか、自分の状態が悪い中でどうするべきかを考えて、精一杯やったつもりだ。

16年はなにをやっても打てるんじゃないかというくらいの感覚もあったけれど、17年は真逆《まぎゃく》だった。

それでも打てないことを割りきって、我慢するところは我慢する。欲を捨てることは難しいが、16年とはまた違う、新しい自分と向き合いながらやっていた。

ただし、「俺が決めてやろう」と思ったときには大振りになってミスショットをしたりするけれど、逆に、右に打とう、打とうとしていると、スイングが小さくなりすぎて、結果が出ないときもある。そういうときは、しっかり振ったほうが良かったりする。このあたりがやっかいだ。

本当に、ちょっとした違いでも、結果は変わってしまう。

このように、17年はなかなかコンディションが整わずに苦労した。「確実にとらえた」と思っても、バットはこすった跡ばかりだった。感覚と実際の体の動きが、どこかズレてしまっていた。

バッティングはすごく難しい。17年は、改めてそう感じるシーズンでもあった。

教えるときは、型にはめない

どんなことでも、誰かに教えるというのは簡単なことではないと思う。

僕もカープで数年間、レギュラーとしてやらせてもらう中で、後輩などに技術的な部分を聞かれたりもするようになってきた。でも、気をつけているのは教えすぎないようにするということ。

オフの自主トレは、2年目のシーズン後から毎年、久本祐一《ひさもとゆういち》さん（元中日・広島、現中日打撃投手）と行っている。

通称「久本塾」と呼ばれるもので、右に打とうとしているバッターに対してピッチャーはこうやって投げたくなるなど、ピッチャー目線や心理などを学ばせてもらったり、いつも有意義な時間をすごさせてもらっている。

庄司隼人もずっと一緒にやってきていて、年によって同期の土生翔平だったり、磯村嘉孝《いそむらよしたか》、野間峻祥、戸田隆矢《たかや》、中村祐太《ゆうた》ら後輩が参加したりもしている。

２０１８年は、前年の第４回ＷＢＣで一緒に戦った中日・平田良介《りょうすけ》さんも、３日間ながら合流して、練習、トレーニングなどでともに汗を流した。平田さんとはオフの日にご自宅にお邪魔したこともあるし、親しくさせていただいている。

自主トレの前、平田さんは「キクは人の体の動きを見るのがとてもうまい。聞きたいことがたまっている」と言ってくれていたみたいで、実際にいろいろな話をさせてもらった。

その中では右方向に打つことなどについて聞かれたが、あくまで僕なりの考えを伝えるだけにとどめた。

庄司で言えば、僕よりもパワー自体ははるかに上なのに、打球は僕より飛んでいない。「打球の角度を知らなければ、飛ばせないよ」と話して、同じ練習もしたが、見ている限り、まだコツをつかめていないと思う。

しかし、僕はそれ以上、ああだ、こうだとは言わない。

なぜなら、型にはめ込んでしまうようなことにはしたくないからだ。

繰り返しになるが、感覚はそれぞれで異なる。体も違う。１つの方法がはまる人もいれば、はまらない人もいる。

だから、僕の考えや感じていることに興味を持ってもらえたときは、一度試してもらい、取り入れていいか、悪いかは自分で判断してもらう。

そうしたこともあり、後輩などに聞かれて答えるときも、「合うか合わないか、わからないけど」と、最初につけ加えることを絶対に忘れない。

それに続けて、「俺はこういうふうにしているよ。でも、やってみて合わないと思ったら、やめな」という感じで話すようにしている。

当然、ただ言われるがままではなく、そこには理解が伴《ともな》わなければいけない。僕の言っていることを噛《か》み砕《くだ》いて理解し、合うと思ったときは、自分の中に落とし込んでいってもらいたい。

そして、必要に応じてアレンジしながら馴染《なじ》ませていけばいい。

アドバイスはきっかけであって、答えは自分で見つけるものだと思う。

僕の場合は大学時代、放任された環境にいて自分で考えてやることが多かったので、そうした作業に慣れているのかもしれない。

もちろん、教わったことがそのまま役に立つこともあるだろうが、より自分に合うように変化させていく。そうやって初めて、自分の引き出しになる。

ホームベース上の「戦《いくさ》」には、走塁スキルを使って勝つ

カープというチームは伝統的に機動力を駆使した野球を得意としていて、16年も17年もそれがいかんなく発揮され、リーグ優勝の大きな力になった。

とくに17年は、河田雄祐《かわだゆうすけ》さん（現東京ヤクルト外野守備・走塁コーチ）から教わったことを全面的に出せたと思っている。

16年からカープの外野守備・走塁コーチに就任された河田さんが掲《かか》げたのは「全員で1点、１点挙げていく」ということ。当たり前のことではあるものの、16年からホームベース上での衝突防止のための「コリジョンルール」が導入され、１点を奪いにいく走塁が、より重要になった。

リードの取り方、スライディングの技術もそうだし、ベースの回り方をいかに最短にするか。タッチアップを狙うとき、フライの大きさによって、どの位置で待つか。

そういう意識づけをチーム全体で浸透させていき、みんなが同じ方向を向いてやれている。ランナー一、三塁で、一塁ランナーがおとりになって三塁ランナーがホームを突くと

いうプレーも、要所で決めることができている。

走塁中も三塁コーチャーの河田さんをしっかり見られていたし、指示にも忠実に動けていた。だから、中途半端な走塁でアウトになるようなことはほとんどなかった。

河田さんの教えは僕らもすごく納得できる内容で、なおかつ「走力は関係ない」というものだった。

「足が遅いからダメとか、足が速いからリードは小さくていいとか、そういうことじゃない」と言われていた。そうやって足が遅い人も速い人もみんな同じ走塁をしていたからこそ、得点が伸びたんだと思う。

17年のチームの得点は、736点を記録した。16年の684得点もリーグ2位の東京ヤクルトと90点も開きがあったのだが、17年は同2位の横浜DeNAを139点も上回った。チーム打率、本塁打、盗塁ともリーグ1位だが、それらは16年の数字とほとんど変わっていない。

そうした中、得点を50点以上も増やせたのは、1点を取りにいく走塁がさらに浸透した成果だったと思っている。

また、スライディングなどホームベース上の技術については、個人、個人がやりやすい方法でやっている。

僕は、このホームベース上でのキャッチャーとの攻防が好き。言うまでもなくセーフなら1点が入る重要なプレーだから、「戦《いくさ》」に臨むくらいの気持ちでホームを突いている。

もちろん、「戦」と言っても肉弾戦というわけではない。そのまま直進するのがいいのか、キャッチャーのタッチをかいくぐるべきなのか、回り込んで手でホームを触れるのがいいのか。全力で駆けながら、キャッチャーの動きを見極めて、いろいろな戦略を練ってホームを陥《おとしい》れる。

それは三塁を回ったところから始まる。三塁ベースを蹴って、本塁に向かって真っ直ぐ走りながらキャッチャーの動きを見る。

どの位置で捕球するのか。捕球体勢はどうなりそうか。送球によって後ろに引いて捕るのか、キャッチャーミットを持つ腕を前に伸ばして捕るのか。キャッチャーの視線も確認しながら判断する。

ホームベース付近での自分の走路を最初から決めてしまうと、柔軟に対応できなくなる。例えばキャッチャーの後ろに回り込むと決めていると、送球が大きくてキャッチャーが後ろに来たときに、行き場がなくなってしまう。キャッチャーの動きはギリギリまで見るようにしている。

先の塁に行けると判断したら、一瞬たりとも躊躇《ちゅうちょ》しない

僕はランナーとしてセカンドにいるときには、「ヒットが出たら、絶対にホームまで還ってやろう」という気持ちをいつも持っているし、1つでも先の塁に行く姿勢は常に崩さないでいる。

それを顕著に出せたのが、17年7月26日の巨人戦でのホームに生還した走塁。5回表二死で、僕は一塁ランナー。バッターの誠也が放った強い打球はセカンドを襲い、正面に入ったケーシー・マギーだったが、グラブにおさめることができずに、ボールはセンター方向へ力なく転がる。走りながらマギーのエラーを確認し、センターの陽岱鋼《ようだいかん》さん、ショートの坂本勇人さんの位置、ボールの転がる方向、勢いのなさから、その時点でホームに行くつもりで走っていた。

だから、三塁コーチャーの河田さんがホームに行けと腕を回しているのを見ても、驚いたり躊躇《ちゅうちょ》したりはしなかった。仮に河田さんがストップなら、それは止まればいいだけ。もし最初からとりあえず三塁まで行こうという考えでいたなら、途中で速度が落ちてし

KIKUCHI
33

まったり、サードベースを蹴るときに体勢を崩したりしていたかもしれない。

心の準備ができているのと、できていないのとでは、大きく違う。そこまで全力で走ってきていたとしても、河田さんが回すのを見て一瞬でも「エッ!?」と思ってしまえば、その分、遅くなる。ほんのわずかな差かもしれないけれど、それでセーフがアウトになることだってある。

あとで映像を見ると、陽さんと坂本さんはどっちが捕るかで迷ったのか、僕が三塁を回るとは思わなかったのか、最後、ボールを捕りにいく速度をゆるめている。そこには、「一瞬の隙《すき》」があった。

本当に際どい勝負だったけれど、必死で走り、陽さんの好返球を捕った小林誠司《せいじ》のタッチを回り込んでやりすごし、伸ばした左手でなんとかホームベースを触った。

スムーズに走りきれたことと、ホーム上の戦に勝てたことで、1点をもぎ取れた。河田さんが標榜《ひょうぼう》する走塁ができた。

河田さんは、琢朗さんとともに、18年から東京ヤクルトのコーチに就任されている。2人ともお世話になった恩師ではあるけれど、負けるわけにはいかない。

河田さん、琢朗さんが言っていたことはみんな頭に入っているので、ヤクルトでどんなふうにやってくるかはわかっている。僕らのことをこういうふうに伝えるだろうなというのも想像がつく。

ただ、お互い、引き出しは1つや2つではないので、それぞれで変わってくるところも出てくると思う。また、河田さんに代わって廣瀬純さんが外野守備・走塁コーチとして帰ってきたので、外野手はまた新しい引き出しが増えるはず。

内野手も外野手も、守備では絶対に隙を見せないようにしなくてはいけない。防げる失点は防ぐ。

河田さん、琢朗さんとしのぎを削る形で、レベルの高い、スリリングな試合をすることは、ファンのみなさんにとっても大きな楽しみになると思う。

やられるようなことがあれば、やり返す。切磋琢磨《せっさたくま》して、球界を盛り上げられたらいい。

どんなときも、相手の隙は見逃さない

昔から、ホームを狙うときに限らず、次の塁を奪いにいくかどうかの判断には自信を持っている。

フォアボールで二塁を陥れたこともある。13年5月26日の東北楽天戦。6回裏、一死で

打順が回ってきて、フルカウントから、外の変化球を見極めた。

そのボールはホームベースからかなり前でバウンドして大きく跳《は》ね、それをキャッチャーがミットで弾くと、さらに高く上がってバックネットのほうへ。キャッチャーが一瞬、ボールを見失ったのもわかった。

「行ける！」

走り出してすぐにギアをトップに入れた。ホームベースと一塁ベースの中間点あたりで、一瞬振り返って、ボールとキャッチャーの位置を確認。行けると思ったら仮にコーチャーが腕を回していなくても、僕は絶対に行く。そのときは、一塁コーチャーだった琢朗さんも「ゴー！ ゴー！」と指示を出していて、ジャッジが一致していた。

直線的に走っていたので、一塁ベース手前で少し減速してストライドを狭《せば》めて回ったものの、あとは前だけを向いて全力で走った。これも楽々セーフだった。

また、自分が一塁ランナーのとき、三塁側フェンス寄りのファウルフライで二塁へとタッチアップしたこともあった。14年の東京ヤクルト戦だったと思う。

ファウルフライだから、すぐにリードしていた位置から一塁に戻り、サードの打球を追いかける動きを見る。

サードの選手は、風もあったのか、先に落下点に行くのではなく、打球に合わせながら追っていた。捕球体勢が悪くなるかもしれない。もしかしたら、捕った拍子に倒れる可能性もある。

果たして、しっかりと捕球したのだが、捕れてホッとしたのか、僕をすぐに確認しようとしなかった。実際には本人しかわからないが、少なくとも僕の目にはそう映った。「狙える」と思ったら、迷うことはない。ワンテンポ遅れて、サードもあわててセカンドに送球。タッチプレーになったけど、自信があった。二塁塁審が両腕を広げるかどうかに不安はなかった。

ホームベース上でのクロスプレーは「戦」と表現したが、走塁面での際どい攻防はどこか楽しんでいる自分がいる。

ファンの方は「忍者」などと言って喜んでくれるけれど、僕もキャッチャーがこう来たらこうしようとか、なんとかかいくぐって１点を取ろうというのは、面白みを感じている部分ではある。相手の油断、隙は、常にうかがっているし、のがさないために集中を切らさないようにしている。

加えて、走塁意識の高まりは、自分自身の守備の向上にもつながっている。

ランナーの思惑《おもわく》を理解することで、じゃあ、守備はこうしようというものも見えてくる。ランナーにとって都合がいいことを、自分は守備ではやらないようにする。

外野へのヒットでランナーがホームを狙ってくるケースなら、外野手、カットに入る内野手も、キャッチャーへの送球は絶対に一塁側にそらさないようにする。それてしまえば、キャッチャーは追いタッチになりやすいし、体をランナーに寄せていくと、コリジョンルールを適用されてセーフになってしまったりする。ランナーが走ってくる三塁側に投げるのが、いちばんタッチしやすい。

それは一例で、いろいろなシチュエーションを想定して、相手ランナーを次の塁に進めないようにする。

ほかの球団がどれくらい時間を割《さ》いたかはわからないが、カープはキャンプからそういった練習を繰り返しやってきた。だからこそ、無駄な失点を防げたのだと感じている。

最後まで、1点を取りにいく

アウトのタイミングだったとしても、生還をあきらめない。フェイントを仕掛けて、ホームベース上の「戦」を制したこともある。

17年5月17日、マツダスタジアムで行われた横浜DeNA戦。3対1でリードした7回裏、２ベースヒットで出塁したあと、誠也のレフト前ヒットでホームを狙った。タイミングはアウトだったけれど、キャッチャーの戸柱恭孝がミットを差し出してきたので、スライディングで足を出すのを、意図的に少し遅らせた。

戸柱は来るはずの足が来ないので戸惑ったと思う。戸柱があわててミットでタッチしてくるのをかわすようにして、足をホームベースに伸ばした。

判定はセーフ。DeNAベンチが求めたリプレー検証の結果でもセーフが覆《くつがえ》ることなく、得点が認められた。

実は、大学時代にも似たプレーをしたことがあった。ホームではなく三塁に滑り込むケースだったけれど、試合を見ていたカープの担当スカウトである松本有史《ともふみ》（旧名・奉文《ともふみ》）さんも、そのプレーをよく覚えてくれていた。そういう引き出しは、意外に持っている。

16年4月19日の敵地でのDeNA戦では、満塁の二塁ランナーで、新井さんのライト前ヒットでホームに向かった。キャッチャーはやはり戸柱で、ホームベース前のライト寄りで送球を待っていたので、ファウルゾーン側に回り込んで左手でベースにタッチしにいこうとした。

しかし、戸柱がタッチしにくるのが早く、そのままではアウトになるので、左手を地面にこすりながら引いて、戸柱がそちらを追いかけてくるあいだに、右手を外からかぶせるようにしてベースに触れて、ホームインした。

17年はとくにそうだったが、1点が入るかどうかの際どいタイミングでのクロスプレーは、かなりの確率でタッチをかわせている。

1年目の12年7月3日、坊《ぼ》っちゃんスタジアム（愛媛県松山市）での阪神戦のプレーは、今でもよく覚えている。3日前に一軍デビューを果たしたばかりで、とにかく必死にやっていた。7月1日には7番セカンドで初スタメンも経験していたけれど、この日はベンチスタート。

出番が回ってきたのは、9回表。1対3とビハインドながら二死一、二塁の場面での代打だった。そこで、プロ初打点となるレフト前へのタイムリーヒットが打てた。

さらに、カウント1ボール2ストライクからベンチのサインで、二塁ランナーの天谷宗《あまやそう》一郎《いちろう》さんとダブルスチールを成功させて、二、三塁。一打逆転の状況になった。

打席には梵英心さん。6球目の変化球を打ちにいった梵さんのバットは、空《くう》を切った。ファンはゲームセットと思ったかもしれない。

だが、キャッチャーが捕球できずに左足に当てたボールは、一塁側の阪神ベンチ前へ転がっていく。天谷さんが悠々《ゆうゆう》と同点となるホームを踏む。梵さんも振り逃げで一塁へ。

僕はホームまで行くのはどうかなと思って、一瞬、スピードをゆるめたものの、ボールは思ったよりも大きく弾かれていた。行けると判断して、再びギアをトップに入れた。

　実は試合前、坊っちゃんスタジアムはホームベース後方のファウルゾーンが広い球場なので、キャッチャーが後ろにそらしたときは、２つ先の塁を奪えると確認していた。カープの二軍の本拠地である由宇《ゆう》球場（山口県岩国市）も同じような造《つく》りで、そうしたチャンスがあることは教わっていた。三塁コーチャーをしていた、当時、守備・走塁コーチの緒方孝市現監督も、「行け！　行け！」と腕を回していた。

　スピードをゆるめることなく、三塁ベースを蹴《け》ってホームへと向かい、ヘッドスライディング。キャッチャーからホームにカバーに入ったピッチャーへボールが転送されなかったくらい余裕があったが、思わず頭から飛び込んでしまった。４点目を奪い、その裏の守備も抑えて逆転勝ちをおさめた。

ヘッドスライディングは、僕の場合、遅くないし、ケガもしない

「ケガをするからやめておけ」

　昔と違って今は、ヘッドスライディングには否定的な意見が多い。ヘッドスライディン

グは土の抵抗を大きく受けるから駆け抜けるより遅いし、ケガのリスクがあるからというのが、その理由。

でも、僕自身は、駆け抜けるよりヘッドスライディングのほうが、ベースへの到達スピードが速いと思っている。足をケガしていたりしたら、最後の一歩に力を入れづらいから、なおさらだろう。

ちゃんと計ったことがあるわけではないけれど、飲食店をやっている仲のいい知り合いに、次のような話を教えてもらったことがある。

そのお店には審判の方もよく来るそうで、どなたかが「菊池のヘッドスライディングは、スピードが落ちない」と、おっしゃってくれていたとのこと。

もともと自信はあったところに、そのことを教えてもらって、さらに自信が深まった。自信が確信になるではないが、それまで以上に思いきってやれるようになった。なにかコツがあるとかではないけれど、小さいときからやっているので、その中で身についたものがあるのかもしれない。

確かに、体へのダメージはある。でも、ケガをしてしまうかもというのは考えていない。むしろ、駆け抜けるよりケガはしにくいとさえ思っている。

駆け抜けようとしてベースをバンッと踏んだときが、いちばん怖い。足首をひねってし

エディオン
Carp
90

まったり、アキレス腱《けん》を切ってしまったり、ケガをするケースが意外に少なくない。北海道日本ハム時代の大谷翔平《しょうへい》（現ロサンジェルス・エンジェルス・オブ・アナハイム）が右足を故障したのも、16年の日本シリーズでファーストベースを踏んだときに負傷した影響が原因の1つになったとされている。

ならば、ダメージが多少あっても、バッと跳び込んだほうがいい。

さらに言うなら、気持ちが前に出ていく。それは、なかなか止められない。気づいたら、ヘッドスライディングをしている自分がいる。

振り返れば、17年の開幕戦、第1打席もそうだった。

ショートへのボテボテのゴロ。シーズン最初の打席で、普段以上に気合いが入っていた。そういう当たりのときは、やっぱりセーフになろうと必死に走っているから、考える間《ま》もなく無意識のうちにやっていることが多い。

まわりからは、「三遊間の深いところに飛んだゴロは、走り抜けてもセーフだろ」と、よく言われる。実際、余裕を持ってセーフのときもある。

でも、僕の場合、体が勝手に反応してしまう。それだけ気持ちが入っている証拠なんだと思う。

商売道具にこだわりを持つ

当然ながら、道具はプレーのパフォーマンスに大きく影響してくるので、こだわりを持っている。

スパイクは、走塁のときでも守備のときでも、やっぱり瞬発的な速さが欲しいので、「薄い」「軽い」というのを念頭に作ってもらっている。形状に関しては普通の選手と同じように足型を測れば十分だけれど、生地に関してはかなり薄いものを使用している。

だから、動きやすい半面、接触プレーには弱い。守備の併殺《へいさつ》プレーのときにランナーとちょっと当たっただけで、破れてしまったりもする。うまくランナーをよければいい話だが、当たってしまうことはどうしてもある。

それと水分を吸収しやすい生地なので、雨の試合だと、びちゃびちゃになる。そのスパイクがいちばんフィットするため、雨の日は違うものを履《は》くとか使い分けたりはしていない。なので、濡《ぬ》れたものは乾《かわ》かしておいて、次の日は新しいスパイクを出すことも多い。おろしたときのほうが履いた感じがいいし、底面の刃の引っかかりもいい。使っていて刃が少し削《けず》れてくるだけで、走っている感覚は変化する。そうなったら、新しいものを使う。そんな具合だから、スパイクはほかの選手よりも替えるサイクルは早い。破れてしまったらもう履けないので、多いときは月に5足くらい使っている。

ただ、それができるのもメーカーの方がしっかりと作ってくれているおかげ。だいたいの選手は試合で使うまでに練習で履き慣らすものだが、僕は届けてもらったら、そのまま試合で履いている。本当に、スポッと足がおさまる。信頼もしている。でも、メーカーの方にはだいぶ迷惑をかけていると思う(笑)。

バットは、それほど特徴的なものを使っているというわけではない。最も大事にしているのは、自分がいかに振りやすいかどうか。振り抜きやすいとされているグリップ部分がなだらかに太くなっているタイ・カップ型で、重心も中心にあるミドルバランス。太さも、大学時代は細いものを使っていたけれど、今は平均的なサイズだと思う。重さは平均915~920グラムで、少し重めといった感じ。

グラム数の変化に敏感なバッターもいるが、僕はそれよりも、同じ形で削ってもらえているかどうかを気にしている。ミリ単位とか、それ以下の差でも、見ればわかる。

とくにグリップの感触はすごく繊細なので、ちょっと細い、太いというのは、握れば間違えることはない。自分のその日の体調で、手がむくんでいたりするときもある。それでもすぐに、グリップの違いはわかる。たまに変わっているバットがあると、「これ、ちょっと違うんじゃないですかね？」と返す。

バッティングは本当に繊細で、普段と違う感覚でスイングすれば、打ち損じる。その打席で打っていればチームは勝てていたということになったら、悔やんでも悔やみきれない。そこは、なあなあにするわけにはいかない。

若いころは「道具にこだわりはない」と言っていたけれど、成績を残せていない身ではなかなか自分の意見を言えなかったというのが実際のところだった。こだわりもなにも、当時は僕の型で作っていただけるわけではなかったし、ほかの選手用に作って余っているものをもらえたら、ありがとうございますという立場だった。

でも、少しずつ結果を残して、バットにしろ、グラブにしろ、ああしてください、こうしてくださいと言えるようになった。

スパイクならソールからなにから全部、要望を出させてもらって、僕の考えを反映させて開発してもらったものが、今、履いているもの。17年からは、他球団の選手も履いてくれるようになった。

ほかの選手もいいと思ってくれるのは光栄だし、お世話になっているメーカーに少しでもお返しができれば、うれしい。

バット選びから学んだ「迷いのもとには、近寄らないこと」

バットの形はずっと変えていない。

ヒット数で言えば、14年は188本、16年は181本打てたけど、17年は153本で、15年は143本。数字としては浮き沈みの波が出ているけれど、バットを変えることなく、ここまでやってきたのは、やはり自分に合っているという感覚があるからだ。でも、変えてみようと冒険したくなるときがまったくないかと聞かれれば、決してそういうわけではない。

違う選手のバットを持ってみると、中には「あれ、これ、いいな」と思わせるものがある。だから、安易にほかの選手のバットをさわったり、握らないように気をつけている。

ゴルフをやる方ならわかると思う。ゴルフクラブも、他人のものを見たり、振ってみたりすると、「なんか、いい音がするな」「自分のより飛距離が出そうだ」と思って、こっちのドライバーにしたいなと、気持ちが浮《うわ》ついてしまう。

それと一緒で、ほかの選手のバットを持つと、「おっ、軽いな。振りやすいな」「俺のよりグリップが細いけど、感触がいいな。俺のバットも、もうちょっと細くしようかな」と、いろいろ考え始めてしまう。「隣の芝生は青く見える」ということわざがあるように、他人のものは良さそうに感じるものなのだ。

プロ入りして2、3年目のころは、コーチの方から、「これを使ってみたらどうだ」とか、「こういう形もいいんじゃないか」と提案をしてもらい、メーカーの方にこんなふうにしてくださいとお願いして、いろいろ作ってもらった。そうやって紆余曲折《うよきょくせつ》を経て落ち着いたのが現在のバットだから、変えないほうがいいという思考も働いている。基本的に変わることは恐れていないし、変えてみたい気持ちもあるが、ことバットに関しては、慎重に考えている。

バッターにとってバットを変えるというのは大きな変更で、芯の太さをちょっと細くしただけでも、感覚が変わってくる。打った感触も違ってくる。バットを変えようと思えば、キャンプからバッティングフォームを構築し直さなければいけない。それに、変えてみてダメだったから、じゃあ戻そうといってすぐに戻れるかというと、そんな簡単なものでもない。

今のバットは本当に僕に合っていると思えるから、迷いのもとには近寄らないようにしている。ただし、この先、成績がガタガタと落ちたら、変える可能性は当然出てくる。18年の3月に28歳を迎えたけれど、体が変わってきているところも確かにある。アラサーを過ぎたら、違うバットを手にしているかもしれない。

そこはしっかりと自分と向き合いながら、決めていかないといけない。

proedge
Carp

第4章

メンタルを操る

～プレッシャーに打ち勝つ心の探求～

ユニフォームを着れば、スイッチが入る

野球というスポーツは、メンタルが非常に大事だ。

ここまでにも触れてきたが、バッティングは7割の失敗と向き合うことからのがれるのは難しく、気持ちの切り替えが求められる。

一方で、守備はミスが許されないというプレッシャーに勝っていかなければいけない。しかも、143試合+α《アルファ》という長丁場。体だけでなく、精神的にも相当、疲弊《ひへい》する。

だから、試合でのオンと、そうではないときのオフを、自分でうまくコントロールすることが肝心だ。

試合のあとは、チームの勝敗や個人の結果にかかわらず、すぐに寝つくことはできない。気持ちがガッと入り込んでアドレナリンが出ているので、頭が冴《さ》えている状態がしばらく解けないのだ。

ナイターだと、試合が終わって早く家に帰ってくるときでも、夜中の12時くらい。だが、すぐに寝ようと思って、ふとんに入っても、2、3時間眠れないなんてザラにある。そう

いうときは、眠くなるまで動画共有サイトを見たりしながら、気持ちが落ち着くのを待って、やっと寝られる。

そんな毎日だから、スイッチを入れっぱなしでは、もたない。メリハリをつけられるようにならないといけないと思ったのは、入団２年目あたりから。シーズンを通して試合に出させてもらう中で、痛感した。

僕の場合は、ユニフォームがスイッチになっている。

球場に向かっているときにすでにグッと気持ちが入り始めるが、実際に袖《そで》を通さないと、本格的なスイッチは入らない。着ればオンになるし、脱げばオフになる。学生なら制服、サラリーマンならスーツと一緒。これからなにかに全力で取り組むときの特別な格好。着れば自然と気持ちの入り方、集中力が上がってくる部分もあるけど、区切りだと意識することで、より一層、それが高まると思う。

自主トレはジャージを着て行っていて、それはそれで真剣に汗を流している。

しかし、いざ春季キャンプでユニフォームに袖を通して練習したときの疲れ方は全然違って、キツく感じる。それは気が張っている証拠。ユニフォームを着ると、心身が引き締まるのがわかる。

ちなみに、ユニフォームは新しいものより、少し着ていたもののほうが好きだ。球団から年間に何着か支給されるのだが、おろしたてのものは違和感を覚えてしまう。クリーニングに出す前のものは着ていても体にフィットしていないというか、ちょっとダボダボしている気がして、ソワソワしてしまうのだ。ここが、前章で触れた、新品が好きなスパイクとは違うところ。

何度かクリーニングに出していると、ユニフォームがキュッと締まってきて、とくにズボンのはき心地が良くなる。着るまでに3、4回クリーニングに出したくなるというのが本音。もちろん、プレーに影響するような話ではないけれど、ズボンをはくときには少し気になってしまう。

それに、ほかの選手よりも長く着ているんじゃないかな。大事にするのは当たり前のことだけれど、新しいユニフォームをもらっても、パッケージをなかなか開《あ》けられない。貧乏性なのかな(笑)。ビリッと破れたりしたら仕方なく替えるけれど、1つのユニフォームをかなり着ているほうだと思う。

あとは、クリーニングに出し続けていると、NPBのロゴマークの色が薄くなってくるので、それはちょっと恥ずかしいから、替えどきの目安。でも、つい愛着のあるユニフォームのほうを着てしまう。

オフは、きっちりオフにしたい。

ホームのマツダスタジアムのときはロッカーで私服に着替えたら、遠征のときなら宿舎に戻ってユニフォームを脱いだ時点で、プロ野球選手ではなくなるようにスイッチを切ってしまう。球場の外に野球を持ち出すことは、あまりしたくない。

だから、試合に勝っても、負けても、着替えたら、みんなに「また明日、頑張ろうな」と言って別れる。１日の中で野球に費やしている時間が多く、プライベートは、試合が終わって夜、食事に行くときくらい。やはり、その時間は大切にしたい。

街でファンの方に声をかけていただくこともあるけれど、完全にスイッチを切っていると、対応できなかったりするときもある。その分、ユニフォームを着ているときは、できる限りのファンサービスを心がけている。その部分でのメリハリも、ファンの方には理解していただけると、すごく助かります。

完全に休みの日も、趣味のバス釣りとか、人に会わないところに行く。どこかでは気を張っているところはちゃんとあるけれど、よりオフ感を満喫したい。

野球のことも、いっさい考えないようにしている（ついつい考えてしまうこともあるが）。練習をやらないと不安になるという選手もいるけれど、１日だったら僕は、リフレッシュに使ったほうがいい。ただ、休み明けの日は、ティーバッティングを多くしたりはする。

ユニフォームという仕事着を脱いだら、野球は頭から切り離すようにしているのだ。

「カープ色」に染まる

ユニフォームを着ているときはカープの選手としての気持ちの入り方が過度になっているのか、実はプライベートではカープカラーである赤色を敬遠してしまう。ユニフォームが赤いのは問題ないけれど、私服では、赤を着たくないと思っている。

以前、プライベートで赤い服を着ているときにアンダーシャツを着ている感覚になったり、赤い靴下を履《は》くときに、「あれ？　これ、野球用のソックスか」と錯覚してしまったことがある(笑)。

街を歩いているときに、誰かが赤いTシャツとか、ロングTシャツを着ているのがパッと目に飛びこんでくると、「えっ！　カープのTシャツを着ているの？　あっ、違ったわ」となってしまうくらい、実際に私生活で反応してしまうこともちょこちょこある。

そこも、オンとオフは分けたい。

そもそも、赤は目立つ。プライベートではなるべく人にまぎれたいと思っているので(笑)、持っている洋服は、グレーや黒、白系の服ばかり。あとは、緑といったところ。柄は迷彩が好きで、多くある。

赤は、迷彩柄っぽいパーカーが１枚あるだけ。それも、外に出るときは着ない。洋服だけでなく、靴もなにも、赤は身につけていない。

車の色も１台、黒を挟《はさ》んだけど、ずっと白。スマホケースも赤は避けている。赤という色に対して、勝手に目くじらを立てている感じ。でも、これは決して冗談ではなく、職業病みたいなものだと思っている。

だから、ほかの選手も同じなのかもしれない。

カープのみんなも、私服で赤色を着ているイメージがない。（西川）龍馬くらいかな、気にせずに赤い靴を履いたりしているのは。それに、白地に青っぽい星がたくさん描かれてあって目立つようなデザインの服も着たりしている。龍馬が目立つ服を着ている話はさておき、赤を着ている選手は少ないんじゃないかな。

言うまでもなく、龍馬がどうのこうのということではない。龍馬のプレーを見ていれば、どれだけチームのために献身的にやってくれているかがわかる。私服で赤を着るにしろ着ないにしろ、みんな、本当にカープが大好きだし、中身は「カープ色」に染まっているんだと思う。

休みの日は、野球から離れる

前述したように、オフの時間は、野球を忘れる。いかにしてリラックスするかというのが、僕の中では最も重要だ。

休みの日はなにか用事があるとき以外は、球場にも行かない。（野村）謙二郎さんが監督のときはずっと行っていたが、そのときとは置かれている立場も状況も変わった。とにかく1回、リセットしたい。頭の中に詰まっている、その1週間の出来事やデータを整理してクリアにする。勉強でもちゃんと寝ないと頭に入らないと言われるように、それの休日バージョンといったところ。

バットやグラブを手にすることもしない。家でさわるのは、フロア用の掃除道具くらい。それをコロコロするのみ（笑）。

趣味もすごく大事にしている。

釣りは大学のときも暇つぶしでやっていたが、本格的に始めたのはカープに入ってから。現在は打撃コーチを務めている、チームの先輩の迎祐一郎《むかえゆういちろう》さんがすごく釣りが好きで、その「迎道場」の門下生に。ハマりました。

狙《ねら》ったところにルアーを投げられたときの気持ち良さ。遠くに投げたいときは肩を大きく回して投げるし、近くは自分の目指すところにボールを投げるようにピッと手首で投げたり、野球に似たところも確かにあるけれど、頭には野球の「や」の字もない。いろいろ歩き回ったりして疲れることは疲れるのだが、でも本当に野球のことを考えずに済む。釣り場は空気もきれいだし、普段の喧騒《けんそう》から離れることもできる。

欲を言えば、毎日でも行きたい。

日曜日と次のカードの火曜日の試合が両方、マツダスタジアムで行われるときの月曜日くらいしか、時間がなくて行けない。そういう日に限って雨が降ったりもして、そんなにできていないのが現実だが、行けるときには行っている。

ゴルフのようなお金がかかるレジャーとは異なり、釣りは最初に竿などの道具を揃《そろ》えてしまえば、あとは移動する車のガソリン代くらいしかかからない。引退してからもずっとできる趣味だと思うので、すごくいい出会いだった。

試合後はなかなか寝つけずに動画共有サイトを見ているという話を先ほどしたけれど、ほとんど釣り関連。見ると落ち着くというより、もう僕の体の一部と言ってもいいくらい欠かせない。

それから、睡眠。

理想としては、10時間くらい寝たい。

地元・広島でのナイターの日は、だいたい14時が練習開始。球場入りは13時ごろなので、12時くらいには起きなくてはならない。だから夜の2時までには就寝するようにしている。試合が終わってからごはんに行ったりもするけれど、睡眠時間が確保できないのはいやなので、長くなることはあまりない。

やっぱり、寝ないと体力は回復しない。いい精神状態を保つためにも、十分な睡眠は不可欠。ただ、寝るのにも体力を使うので、寝すぎも良くない。

何時間がベストかというのはまだ把握できていないけれど、家でしっかり寝たいタイプ。目覚まし時計をかけなければ、グダグダといつまでも寝てしまう。携帯電話の着信音とかも、寝ていたらまったく耳に届いてこない。

だから、強力な目覚まし時計が必須アイテム。遠征のときは携帯電話のアラームで起きているけれど、もし寝ているあいだにバッテリーが切れたら寝続けちゃうだろうから怖《こわ》い。

ただ、釣りもそうだが、興味があることのときは、ちゃんと早起きできるし、時間にルーズなわけではない。チームの集合時間に遅れたりすることもない。

釣りに行かないときは、お世話になっている方のところに顔を出しに行ったりもする。洋服屋さんだったり、電気関係の仕事をしている人だったり、みんな、野球とは違う世界の方たち。一緒に食事に出かけるときもあれば、本当に仲がいいから、お店や事務所にうかがうこともある。僕の親族が広島に来て、どうしても迎えに行けないときに代わりに行ってくれたりするほど、親しくさせていただいている。

シーズンオフなら、ゴルフや旅行にも誘い合って出かける。一緒にいてゆっくりすごせるので、休みという感覚に浸《ひた》れる。

それに、野球とは直接関係のない仕事をしているから、話題は野球以外のことに及ぶ。政治だったり、経済だったりのことで、３、４時間くらい話し込んだりするときもある。みんな年上の方なので、いろいろなことを教えてくれる。

そうして様々な話をしていると、ニュースを見るのも必要だなと思わせてくれる。野球ばかりしてきたので、世間を知らないのかもしれないと思うと怖いし、世の中でなにが起こっているのか興味がある。だから、意識的にということではなく、自然とニュースをよく見るようになった。

それまではテレビをつけると、なにか面白い番組がやっていないかなという感じだったけれど、最近は当たり前のようにニュースを見るようになった。今、日本で、世界で、どんなことが話題になっているのか。

２０１７年ならアメリカの大統領がドナルド・トランプになったことで日本はどう変わるのかとか、北朝鮮なら金正男《キム・ジョンナム》とされる男が暗殺された事件や、幾度《いくど》となく強行しているミサイル発射の問題は決して他人事ではない。そうした重大なトピックスは、チームメイトともよく話をする。

ほかにも地球温暖化でこのまま気温が上がり続けていったらどうなるのかとか、異常気象などもずっと気になっている。大臣の失言をめぐって国会でまたもめているなとか、巨大なダイオウイカやリュウグウノツカイが打ち上がったのにはなにか意味があるのかとか、地元の近くでこんな事件があったんだとか、どのジャンルにも関心を持っている。

そのあたりは、一般のみなさんと変わらないと思う。

元気はあげることも、もらうこともできる

前項でお話ししたように、信頼している方たちや気をつかわないでいられる友人と会うと、それだけでリラックスできる。加えて、「お前から元気をもらっているよ」と言っていただいたり、逆に僕も元気をもらっているなと感じることが多くある。

元気はもらうことも、あげることもできる――。

17年のシーズン、試合前などに、療養中のアカ（赤松真人《まさと》）さんとチームメイトをテレビ電話でつないだのも、そんな思いからとった行動だった。

アカさんは僕がカープに入ってきたときからよくイジってくれたりして、いつの間にかすごく仲良くなっていた。それこそ僕が4、5年目というのは、一緒にごはんに行ったり、飲みに行くことが多かったし、常に一緒にいるような感じだった。

その中ではアカさんの奥さんや子どもとも楽しくすごさせてもらって、本当に家族ぐるみの付き合いをしている。

胃がんが見つかったことをチームの中でいちばん最初に聞いたのも、僕だった。

16年のシーズンオフ、球場のロッカーで偶然、会ってなにげなしに、「なにしているんですか？」と話しかけると、「いや、ちょっとあるねん」と、反応が普段と少し違った。それで、おかしいと思って、「どうしたんですか？」と、もう一度、聞いた。

「本当に誰にも言っていないんだけど、がんなんだ。今から球団に報告に行くんだ」

いつも遊んだり、だましたり、いたずらをしている仲。そんなことは信じられないから、

「また、嘘《うそ》ついて。もう、いいって」

と軽い感じで返した。

「ほんまやねん」

表情が暗く、冗談でないことがわかった。ショックだった。でも、アカさんはもっとショックなはず。どんな言葉をかけていいか、わからなかった。「大丈夫だよ」くらいしか言えなかった。

チームにも大きな衝撃が走った。17年1月の摘出手術、その後、リンパ節《せつ》への転移が見つかったことによる半年間の抗がん剤治療。みんながアカさんを励《はげ》ましたいと思っていた。春季キャンプでは、当時、選手会長だったテツ（小窪哲也）さんが、ロッカールームにアカさんの「38」のユニフォームを持ってきてくれて、みんな、それに触れてから練習に向かった。

シーズンを迎えて、僕らの元気がアカさんに伝わってほしいと思い、試合前によくテレビ電話をした。

僕は1年目のオフに、扁桃腺《へんとうせん》の手術で入院したことがある。病室はしゃべる相手もいないから、寂《さび》しくなる。テレビを見ていても楽しい気持ちになれない。せっかく誰かがお見舞いに来てくれても、しんどいときは「もう、いいよ」と思ってしまうこともあったけれど、元気をもらえて明るくなれるときがたくさんあった。

それは普段のときも同じ。試合で僕が打てなくて「やってしまった」と思っていると、み

Hiroshima
26
Hiroshima
38
Hiroshima
33
Carp

んなが「チームが勝ったんだから、ええやん」と言ってくれて、それで気が晴れて、また前向きになれる。

それを常に感じているから、僕も誰かが元気がないなと見れば、「気にするなよ。また明日、頑張ろうや」と声がけする。そういう元気の受け渡しが、カープにはすごくある。それもチームの強さの要因の1つなんだと思っている。

アカさんは奥さんもいるし、子どももいるし、いろいろな人がお見舞いに来てくれるだろうが、チームメイトや仲のいい人と話すのはまた違うところがあるし、笑顔になれたりもするのでは、と考えた。

奥さんに、アカさんのその日の体の調子を教えていただいて、元気な日を選んでテレビ電話をかけた。みんなもいつも気にかけているから、順々にアカさんに声をかけた。でも、みんなの笑顔を届けて、みんなが心配しているよ、みんなが待っているよというのを伝えたかったのだが、逆にアカさんと話すことで、僕らも元気づけられていた。

治療を終えたアカさんは、順調に復帰への階段を上っている。とはいえ、筋力も体力も技術も鈍っていたり、感覚的なズレもあると思う。

ゆっくり、自分のペースでやってもらって、一軍の舞台に戻ってきてほしい。それが18年のシーズン前半なのか、中盤か、それとも後半かはわからない。

でも、必ずまた、一緒に戦えると信じている。

僕たちだけでなく、ファンの方たちも、アカさんが走っている姿をまた見たいはず。本当にシーズンの最後の最後でもいい。

アカさんなら、それができる。絶対にできる。

すべてのことは、心から始まる

アカさんとともに戦っていると感じたくて「38」を加えた帽子のツバの裏には、僕はプロ2年目からずっと「笑顔」と書いている。

これは高校時代、「すべてのことは、心から始まる」という言葉を知ったことがきっかけだ。野球部の仲間と、「つらいこともみんなで楽しくやれば、つらくなくなる。厳しい練習にも耐えられる」というふうに考えて、キツいメニューをこなしていた。それをプロに入ってから思い出し、ツバの裏に書くようになった。

もちろん三振したり、エラーをしても笑って乗り越えようということではなく、落ち込んでいるより「ヨッシャ、次！」というふうに前向きな気持ちを常に胸にとどめておく。

少し話がそれるけれど、最近のプロ野球選手は、「野球をエンジョイする」とか、「勝負を楽しむ」というようなコメントが多くなった。それに対して、ＯＢの方々は、「楽しんだことはない」と話す。

難しいところだと思う。どちらも、いい面、悪い面、両方ある。

僕も楽しくやりたいほうだが、それは、オンとオフがあっての話。

ずっと楽しくやってばかりではない。締めるところは、しっかり締める。笑いがあってもいいときは、笑いがある。ずっとワイワイやっていたら、仲良しクラブに過ぎない。チームでやるときは、ちゃんとスイッチをオンにする。

そのオンの中でも、ノックとか同じことが続いてしんどいときなどは、「オ〜イ！」と明るい言葉で盛り上げる。

そうしたオン、オフができないなら、「楽しく野球をやる」とは言うべきではないと思う。第１章でも触れたが、ただ楽しく野球をやっているだけなら、「なんや、こいつ」というチームメイトが現れる場面も出てきてしまうかもしれない。

ただ、小学生、中学生とかは、純粋に楽しんで、野球をどんどん好きになってもらいたい。でも、その１つ上、２つ上とステップアップしていくにつれて、オンとオフがなければいけないんだなとわかってもらいたい。

夏場とか、しんどい時期のデーゲームなどは、暑さでついダレそうになるときもある。そんなときこそ、「笑顔」が必要だ。ツバの裏に書いてある文字は視界に入りやすい。帽子をかぶるときには絶対に目に入ってくる。

そうした大切な言葉、自分への戒《いまし》めの言葉などは、いつも目に入るところに書いておくのがいい。繰り返して見ることで、心身に浸透していく。

悪夢の3連敗の記憶が、CS敗退につながった

17年シーズンはセ・リーグ連覇を果たしたものの、CS（クライマックスシリーズ）のファイナルステージでは、横浜DeNAを相手に敗退。シーズン3位ながらも、2位・阪神を敵地・甲子園球場で下してファーストステージを勝ち上がってきたDeNAの勢いに屈した形になってしまった。

このファイナルステージではとても悔しい思いをしたし、ファンのみなさんをがっかりさせてしまったけれど、メンタルがいかにプレーを、勝敗を左右するのかを実感したシリーズでもあった。

シーズンでは14・5ゲーム差をつけた相手ではあったが、その強さは感じていた。カープも打力で勝負していたけれど、DeNAの打線もすごかった。セ・リーグでは対戦成績12勝13敗と、唯一負け越していたし、勝った試合でも、一歩間違えれば負けていたというものもあった。圧倒的な勝率を誇っているマツダスタジアムでの対戦でも、6勝5敗だった。12勝12敗で迎えた、10月1日のDeNAとのシーズン最終戦となる25回戦(横浜スタジアム)。勝利して、絶対に勝ち越さないといけない。CSで戦う可能性があり、つぶしておかないといけない。そういう思いも持っていた。

しかし、いきなり4点を先制されて、いったんは逆転するものの、結局、7対13で敗れてしまった。

この試合を勝ちたかった理由は、ほかにもあった。直近は3連勝していたとはいえ、8月22日からの敵地での3連戦のことを、少しでも払拭《ふっしょく》したかったのだ。

カープは優勝へと突き進んでいたけれど、DeNAもAクラス入りに向けて必死の戦いを続けていた。そんな状況で、横浜スタジアムに乗り込んでいた。

初戦は先発の(野村)祐輔が好投を続け、7回を終わって5対1でリード。8回裏に嶺《みね》井博希《いひろき》のソロホームランで1点を返されたけれど、まだ3点差。

しかし、僕から始まった9回表の攻撃は、三者凡退。9回裏、先頭の柴田竜拓《たつひろ》にヒットを許し、次の筒香嘉智に1点差に迫られる2ランを浴びて、祐輔は降板。17年シーズン、そこまで抑えを務めてきた（今村）猛が出てきたものの、ホセ・ロペスに同点アーチを打たれると、続く宮崎敏郎《としろう》さんにも被弾してサヨナラ負け。まさかの三者連続ホームランだった。

翌日の試合は、2回までに5得点。主導権を握れたかに見えたけれど、3回裏にピッチャーのジョー・ウィーランドの2ランを含む3失点。5回表に丸（佳浩）のタイムリーで僕が6点目のホームを踏んだが、その裏にすぐに1点を奪われ、リードは2点に戻される。7回裏にも1点を取られ、9回裏は中崎翔太が二死からまたもロペスに同点アーチを打たれた。最後は、10回裏に梶谷隆幸《かじたにたかゆき》さんにサヨナラタイムリーを打たれて、敗戦。

こうなると、向こうの勢いは止まらない。3戦目も5回までは4対1と有利に進めていたけれど、6回裏にロペスに3戦連続となるソロを打たれ、7回裏には梶谷さんにも一発を許し、8回裏には筒香のタイムリーで同点。9回裏、この日も二死までは順調に来たものの、代打のG後藤武敏《ゴメスたけとし》さんにあわやホームランというフェンス直撃の2ベースヒットを打たれると、スタンドのDeNAファンがさらに盛り上がった。

だが、続く倉本寿彦の打球はドン詰まりで、セカンドベース右寄りへの力ない小フライ。直接、捕球は間に合わないので、ワンバウンドしたあとに捕るはずだった。

「エッ!?」

打球は人工芝と土の境目に落ち、イレギュラーな弾《はず》み方をした。僕の左側を抜けていこうとするボールにとっさにグラブを伸ばしたけれど、触れるのが精いっぱい。（田中）広輔が素早くバックアップしてボールを拾い、ホームに送球したが、間に合わなかった。不運と言えばそうかもしれないけれど、反応しきれなかった。

あれは、ただの３連敗ではなかった。

いや、ただの３連敗にできるほど、僕らは強くなかったということかもしれない。負け方があまりにも悪く、確かに僕らの中にいやなイメージが強く残ってしまった。

ＣＳは当たり前ながら、僕らもやってやろうと思って臨んだ。受けに回ったということでもなかった。

しかし、頭の片隅のどこかに、あの8月の３連敗があった。僕だけでなく、みんなもそうだったと思う。対するＤｅＮＡからは、こちらに1勝のアドバンテージがあるにもかかわらず、余裕のようなものが感じられた。

17年10月18日のファイナルステージ第1戦は、雨が味方する形で勝てた。でも、ピッチャーも野手も悪いイメージが拭《ぬぐ》いきれておらず、なんとかしないといけないと、よけいなプレッシャーを感じていたように思えた。それが第2戦、３戦と負けていくうちに、さらに追い詰められていった。

ファンの方々は、「なにをやってるんだ」と思ったかもしれないけれど、ＣＳを迎える過程の様々な悪い要素が、さらに悪い形で結びついてしまった。僕はそう考えている。

誰もが忘れられないような負け方だったので、こちらがいくらやってやろうと気持ちを盛り上げても、向こうは「俺たちは、３連チャンでサヨナラ勝ちしているんだぜ」と精神的に優位でいられた。

あのお互いの精神状態なら、カープは負けるべくして負けたと言っても過言ではない。そのくらい、精神面の差は小さくなかった。

それも含めての勝ち負けだから、結局は力負けだったということ。アドバンテージがあったから２勝４敗だが、勝ったのは雨で５回コールド勝ちとなった第１戦だけ。完敗と認めざるを得ない。

しかし、みんなが「ああ、負けちゃった」ということで済ませてはいないはず。新井（貴浩）さんも、オフの11月の湯布院でのリハビリキャンプでも悔しさを口にしていたし、その直前のイベントでも「今でも悔しいし、この悔しさを忘れることはない。それを持って、来年に臨みたい」とコメントしていた。これは、カープの全員が思っていることだろう。

18年は、ＤｅＮＡに対し、強い思いを持って戦うことになる。

WBCでも、メンタルの重要性を強く感じた

17年の第4回WBCの初戦となったキューバ戦の開始前。

侍ジャパンのメンバーの多くはベンチ裏で、「やべぇ」と、過度な緊張と戦っていた。とくに野手は、当時、ヒューストン・アストロズに所属していたメジャーリーガーの青木宣親《のりちか》さん（現東京ヤクルト）や、内川聖一さん、松田宣浩《のぶひろ》さん（ともに、福岡ソフトバンク）、坂本勇人さん（巨人）、（中田）翔（北海道日本ハム）ら国際大会の経験が豊富な選手が多かった。

だから、慣れている部分もあるだろうが、逆に国際大会の重み、難しさ、緊張感、初戦の重要性などを知っているからこそ、プレッシャーを感じてしまう。実際、みんな、かなりの緊張感を漂わせていた。一方で僕はというと、それまでに13年オフに台湾で行われた「2013 BASEBALL CHALLENGE 日本VSチャイニーズ・タイペイ」を皮切りに侍ジャパンに選んでいただいていたが、15年オフの「第1回 WBSC プレミア12」だけはメンバーから漏《も》れており、本当の大きな国際大会には出ていなかった。もちろんオ

リンピックに出た経験もない。

親善試合や強化試合とは違う、初めての国際大会。正直、ワクワクしていた。だから、スタートからいいプレーができたんだと思う。

1回表、キューバの先頭バッターのロエル・サントス（のちに千葉ロッテに加入、17年いっぱいで退団）に内野安打を許すが、続くアレクサンデル・アヤラの打球はゲッツーが狙えるサードゴロ。「ヨシッ」と思ったのも束《つか》の間《ま》、松田さんがまさかのファンブル。松田さんも試合前、かなり緊張していた。

無死一、二塁と、いきなりのピンチ。キューバの3番バッターは、14年から2年間、巨人でプレーしたことがあるフレデリク・セペダ。強い当たりではあったが、一、二塁間のゴロに反応した僕は、少し斜め後方に滑り込みながら、体の左側で捕球。動きの流れを生かして、反時計回りでセカンドベース方向に体を回転させ、ショートの坂本さんに送球。うまくゲッツーが取れた。

緊張することなく、いい状態で入れていたが、もし緊張でカチカチになっていたらどうなっていたかはわからなかったプレーだった。やっぱりメンタルがプレーを左右する。

もちろん、国際大会の経験がなかったからだけではない。チームの雰囲気の良さも多分に影響していた。

選手をうまくまとめてくれていたのは松田さん。あの明るいキャラクターで、ときにはバカをやりながら、みんなを1つにしてくれた。とくに若い選手たちは、その存在に感謝していたと思う。（鈴木）誠也とか、侍ジャパンのトップチームが初めてのメンバーでも、すぐに常連組の選手に溶け込めた。松田さんのあの雰囲気作りはすごい。ただ、参考にはなったけど、マネはできないかな（笑）。

最年長選手だった青木さんは、個人的には最初、壁を感じた。日本球界で一緒にプレーしたこともなくて「はじめまして」だったし、メジャーリーガーということもあって、僕は構えてしまった。でも、青木さんの人柄もあって、気づいたら、みんな自然にしゃべっていた。

そして、なにより小久保《こくぼ》裕紀《ひろき》監督はじめ、コーチ陣が選手のやりやすい環境を作ってくれていた。

チームの雰囲気がいい、悪いというのはすごく大事で、それがいいから、みんなが力を発揮できる。反対に、若い選手が先輩に気をつかわないといけないような空気感だったら、遠慮したり、おとなしくなってしまったりする。それは、チームにとってプラスにならない。その点は今のカープも一緒で、強さに結びついている。小久保ジャパンは、本当に1つの塊《かたまり》。全員が一丸となって戦えていた。

JAPAN

それから、敗れた準決勝までの1次ラウンド、2次ラウンドを全勝したこともあって、忘れている人も少なくないかもしれないけれど、事前の試合では負けてばかりだった。

最初の福岡ソフトバンクとの練習試合で敗れ、台湾プロ選抜との壮行試合第1戦でも敗戦。第2戦は大勝したものの、強化試合の阪神戦も負けた。オリックス・バファローズ戦は勝って本番に臨むことになったけれど、不安視したファンの方も多かったのではないか。

ただ、僕らは、大会に入れば勝てると考えていた。

侍ジャパンは各球団を代表する選手の集まり。負けが多かったからといって、初戦のキューバ戦がヤバいという雰囲気はいっさいなかった。みんな急ピッチで仕上げていた部分もあったし、大会に入れば、本気モードに入れる。実際に始まってみたら、1点、1球に対して、必死になる。チームの中にいて、すごく感じた。その気持ちの入れ方を見て、「やっぱり、みんなすげぇな。一流だな」と思った。

大会前、あれだけ打てていなかった翔も、3試合連続でホームランを放った。みんな当然、練習試合などでは試したいこともあっただろうし、国際球の違いを確認したかったりもしたと思う。大会に入ってからの、みんなの気持ちの上げ方はすごかった。1試合、1試合行うにつれて、強くなっていった。

それをチームの一員として経験できたのも、貴重な財産になった。

短期戦をいかに制するかは、チームとしての課題でもある

17年は、143試合の長丁場で2位の阪神に10ゲーム差もつけてチャンピオンフラッグを手にしながら、横浜DeNAとのCSファイナルステージで敗れて、日本シリーズに出場できなかった。16年はCSを勝ちきったものの、北海道日本ハムに屈して、日本一にはなれなかった。

この2つの決戦は、短期戦をどう集中して戦うかを考えさせられるシリーズになった。みんなが「短期戦だから、1試合も落とすわけにはいかない」と変に思ってしまうところもあっただろうし、「チャンスだから、絶対に打たなければいけない」とシーズン以上に強く考えすぎた面もあったに違いない。そういう気持ちのコントロールがうまくできなかったのが、僕らの弱い部分なんだと思う。

DeNAとのCSだけでなく、16年の日本シリーズもそうだった。みんな初めての出場だし、「日本シリーズだ！」という、お祭り的な部分があったと思う。第1戦、2戦を幸先《さいさき》良く連勝したけれど、それも勢いで勝っていただけだったのかもしれない。

そこから4連敗。終わったあと、「勢いだけで勝てるわけがないんだ」と感じた。この年もペナントレースでは2位の巨人に17・5ゲーム差をつけて優勝し、DeNAとのCSファイナルステージでも4勝（アドバンテージ1勝含む）1敗。

でも、そのまま日本一になれるほど、甘くはない。日本シリーズとは、そういう場所だった。正直、北海道日本ハムを相手に、マツダスタジアムで連勝できたときは、「行けるな」と思った。しかし、舞台を札幌ドームに移した第3戦。マッちゃん（松山竜平）のミスがターニングポイントになってしまった。

試合は先発の黒田博樹さんが初回に1点を失ったものの、直後の2回表にカントリー（ブラッド・エルドレッド）の3戦連発となる2ランで逆転。黒田さんも、その後は足を痛めて降板する6回途中まで無失点。2対1で、8回裏の日本ハムの攻撃まで来ていた。

しかし、先頭の中島卓也《なかしまたくや》へのフォアボールと犠打で、一死二塁と同点のランナーが得点圏に進んでしまう。その後は近藤健介《けんすけ》をレフトフライに打ち取るも、大谷翔平はフォアボールで二死一、二塁。打順は（中田）翔に回った。ここで翔が打った打球はレフトの前に落ちるかというフライ。それを、マッちゃんがスライディングしながら捕りにいったのだが、捕球できずに後逸してしまった。打球が無情に転がっているあいだに、中島だけでなく、大谷までホームに生還。逆転を許した。

土壇場の９回表二死三塁から安部（友裕）のタイムリーで追いつく粘りは見せたものの、結局は10回裏に大谷にサヨナラヒットを打たれて、負けを喫した。

マッちゃんのバットでいくつも勝ってきているし、野球はチームスポーツなのだから誰か１人を責めるというのも、違う。誰かにミスが出ても、別の誰かが良いプレーで流れを変える。助け合いができるのが、「勝てるチーム」だ。

ただ、あのプレーは間違った判断だったと思う。あそこは無理をする場面ではなかった。打球を前で止めておけば、大谷は還《かえ》さずに済んだ。しかも８回裏という試合終盤で、１点が重くなっている。それに天然芝のマツダスタジアムと違って、人工芝。滑り込めるような芝ではない。守り勝つ野球を掲《かか》げている中で、状況が見えていなかったのではないか。

それはつまり、冷静ではなかったということ。技術の問題よりも、メンタルの問題。

バッティングもそうだけど、とくに守備は、冷静な判断ができるかどうか。天候、球場、試合状況、イニング、ランナーやバッターの足など、しっかりと考えて守りにつけるかだ。

それができていないとミスにつながる。チームに悪い影響が出てガタガタと崩《くず》れてしまうときだってある。

あのプレーがすべてではないけれど、きっかけとなって、みんなが「取り返してやろう」とか、「打ってやろう」とか、過度の気負いが生まれた可能性もある。その半面、そういう意識、感覚が1つ変わるだけで、歯車が噛《か》み合って車輪が一気に回り出すことだってある。やはり野球は、精神面が大きく影響してくるスポーツなのだ。繰り返すが、マッちゃんを責めたいわけじゃない。僕もWBCでは痛恨のミスを犯している。

1つのミスが取り返せないようなミスになってしまうことも、忘れてはいけない。とくに、短期戦はそうだ。

自分の気持ちを常に冷静な判断ができる状態にしておかなくてはならないということを再認識したし、失敗をした当事者がそのことに向き合うのは当然だが、まわりの人間も考える機会にすべきだろう。

仲間のミスは、自分へのメッセージなのだから。

起死回生のホームランは、自然体が生んだ

チームを救うここ一番でのヒットやホームランは、誰だって打ちたい。僕もチャンスで打席が回ってくれば、「やってやろう」「自分が決めてやる」というのがあった、昔は。でも16年あたりから、「決めてやる」ではなく、「後ろにつなごう」に変わっていった。

以前のように「俺が決める」と思って打つと、逆に空回りして結果が悪いことのほうが多かった。

そういう経験から、チャンスでのメンタルを見直した。もっと言えば、追い込まれたような状況でも変わらなくて、チャンスでもピンチでも平常心で、力以上のものを出そうとしない。それが、僕のメンタルの持ち方だ。

平常心を超えたというのか、一度だけ不思議な感覚に陥《おちい》った打席がある。

16年8月7日に行われた、2位・巨人との試合。このカードの第1戦、2戦でともに先制しながら1点差で連敗して、そこまで最大11ゲームあった巨人との差を、4・5ゲームまで詰め寄られて臨んだ第3戦だ。負ければ3・5ゲーム差。チームとして、最もしんどいころだった。

この試合も、先に点を取ったのはカープだった。2回裏に會澤翼さんがマイルズ・マイコラス（現セントルイス・カーディナルス）から3ラン。しかし、直後の3回表に阿部慎之助さんに同点3ランを打たれて、振り出しに戻ってしまう。4回表から先発の岡田明丈《あきたけ》に代わって藪田和樹《やぶたかずき》が登板するも、マイコラスに被弾。5回にも1点を奪われるなど、劣勢の展開。6対7と1点ビハインドで、9回裏を迎える。

巨人は当然、抑えの澤村拓一《さわむらひろかず》さんをマウンドに送ってくる。代打の（西川）龍馬、広輔がどちらもセンターフライで、二死ランナーなし。僕に第5打席が回ってきた。アウトになればゲームセットというのはあったものの、それ以外は頭の中になにもなかった。打ってやろうという高ぶりもなかった。

そんな感覚になったことは今までなかったが、無心というか、よけいなことが少しもない、本当に自然体だったんだと思う。

ホームランを打ったときに感触がないというようなことはあるけれど、「打撃の神様」と称された川上哲治《てつはる》（現役時代は「てつじ」／元巨人、元巨人監督）さんのようにボールが止まって見えるとかはないし、守備ではスローモーションになるときがあると書いたが、バッティングではそうしたこともない。

しかし、あのときはなにも考えずに「来たボールを打つ」という、これ以上ないシンプルな発想で、体が反応した。

結果、打球はレフトスタンドへと吸い込まれ、同点。さらに丸がフォアボールで出塁したあと、新井さんがレフトオーバーの2ベースヒットで試合を決めてくれて、劇的な逆転サヨナラ勝ちをすることができた。

僕のあの打席は、あくまで例外だったと思っている。

あれで自然体をつかんだとかはない。そういう領域にはたどり着いていない。

Carp
33
Carp
25

自分の体調、状況なども関わってくると思う。あのときは、そこまで4打数4安打と、打てていた。反対に4タコだったら、打席であれこれと考えていたと思う。心理状態も絡《から》んでくる。

いくつかの条件が重なって、自然体に入れた。そのゾーンがいきなり訪れた。

でも、確かに目指すところは自然体だけれど、自分でも明確にそのときそうなれた理由がわからないだけに、追い求めたら、かえっておかしくなってしまう気がする。

やはりあのひと振りは、あくまで特別な打席としておくほうがいいのかもしれない。

第5章

ポリシーを貫く

~非常識を常識に変える強い意志~

常識は変わっていく

この章では、僕の行動スタイルのポリシーについて、触れたいと思う。

本書をここまで読んできて感じた方もいるかもしれないけれど、とくに野球に関しては、「常識」というものを僕は意識しない。僕のプレーを、「常識破り」とか、「常識から外れた」とかと表現していただくことがあるけれど、そもそも野球の常識って、どういうものなのだろう?

改めて考えてみても、ピンとこないのだ。「一般常識」なら、あいさつをするとか、ルールを守るとか、モラルなど、いろいろあるし、それらは人として大切だと思う。あいさつや礼儀などは、野球を通して身についている。とくに高校では、おなかいっぱいというくらい、しこたま教わった(笑)。

監督の大輪弘之さんは、野球よりも礼儀が一番という方。態度の良い悪いも、厳しく指導していただいた。

練習、試合中はもちろん、授業中にしても、食事をしていても、街を歩いていても、態度が悪ければ直された。野球だけでなく、そうした部分も鍛えていただいた。なにかの際に、「常識があるね」と言われれば、きちんとやってきて良かったなと思える。逆に「常識を知らない」と言われたら、「エッ？」と焦《あせ》ってしまう。

でも、野球のプレー面に関しては、基本的な動きはあっても、それが常識かと問われると、クエスチョンだ。

守備で打球は正面で捕るとか、送球は上から投げるとか、子どものときなどに最初に教わるようなことも、そのときは常識かもしれない。

でも、大学やプロに入ったとき、すべて上から投げるのがベストな選択かと言えば、そうではなかった。打球やケースによっては、ジャンピングスローをするときもある。セカンドゴロで併殺《へいさつ》を狙《ねら》うとき、ショートに右手でトスをするのか、グラブトスをするのかというのは、応用の話だと思う。ルールやモラルではない。

ランナーで本塁を狙うときであれば、スライディングなのか、ヘッドスライディングなのか、ちょっと回り込んで手でホームベースに触れるのか。

バットだって長く持つ選手もいれば、短く持つ選手もいる。打ち方だって、いろいろ。基本はしっかり踏まえるべきだけれど、とくに試合になれば、応用が求められてくる。

そもそも常識とか「当たり前」とかは、過去の誰かが作ったり、定義したものだろう。時代や状況が変われば、当てはまらなくなるところも出てきて当然だ。

しかも、そうした常識は、どの瞬間に姿を変えるのかもわからない。自分の行動やプレーが必ずしも教科書どおりである必要はないと思う。

もしかしたら、自分が行った常識外が、その後の常識になるかもしれない。だからこれまでの常識に縛られる必要はない。それは野球の世界以外でも、一致する考え方なのではないだろうか。

じゃあ、僕のほかの人と違う部分を、どんな言葉であらわすか。

「破天荒」というような言葉が合っている気がするし、「規格外」とかも個人的にはしっくりきている。

配慮はしても、遠慮はしない

前項の話を続けたい。

「常識的にはこうすべき」とか、「こうするのが当たり前」と言われても、違うほうがいいと思えば、それを相手に伝えるようにしている。意見が食い違うときもあるけれど、しっかり話をすればいい。

それが同じゴールを目指して進んでいる仲間なら、なおさらだ。野球は団体スポーツなので、まわりへの配慮は大切だけれど、遠慮はすべきではない。

僕は、相手がコーチでも、疑問に思ったことは口に出す。高校ではそういうわけにはいかなかったが、大学では練習で、「こういうふうにやろう」と教えてもらっても意味が見出《みいだ》せなければ、「これ、意味があるんですか？」と率直に言った。

「ゲッツーのときは、こういうベースの入り方をしなさい」と言われても、全部が全部、その入り方でダブルプレーを取れるわけではなかったりする。そのことを説明して、「こうやったほうがいいじゃないですか」と提案もした。

プロに入ってからも、そういうふうに感じることが何度もあった。監督に直接意見を伝えることはないが、担当コーチには、違和感を覚えれば必ず自分の感覚を知ってもらうようにしている。

昔の野球とは違うところが少なからずあるし、コーチ陣はずっとベンチで見ているので、守備位置や打席に立っている僕ら選手が感じていることを伝えることはとても大事だと思っている。型にはめられるのではなく、「実際はこうです」というのは理解してほしい。フィールドにいないとわからないことも、監督、コーチの判断材料の1つにしてもらう。

例えば、試合中に守備隊形を決める際、「こっちに守っておいたほうがいいのに」と思いながら言うのを遠慮して、「動いていればヒットを防げたのに」と手遅れになることは避けなくてていけない。

だから、もちろん僕1人の考えではなく、みんなに確認をしてから、「こういうことも、頭に入れておいてください」「こういうときは、こういうふうにやります」と相談する。話をする中で、「こういう場面では、僕らが守備位置を動かすのは違います。動かなくても対応できます」といった感じで、言うべきことはあやふやではなく、はっきりと言うようにもしている。

もちろん立場というものもあるから、若いときは、「このケースでは、こういう動きをしたほうが速いのにな」と思うだけで、言えないことのほうが多かった。それどころか高校時代なんて、自己主張はほとんどできなかった。

まだ昭和の香りが残っている高校野球部で、そのほうが速いと思って横から送球しようものなら、全員が怒られる。チーム一丸なので、誰か1人が教えと違うプレーをすれば、監督の逆鱗《げきりん》に触れてしまうのだ。

みんなが監督の言うこと、先輩の指示を忠実に守る。グローブから指を出してはいけない。1年生のときはバッティングで皮手袋をつけてはいけない。まだ、ギリギリ、そういう時代だった。

水は飲んでも良かったのだけれど、例えばヒジを守るエルボーガードなんかも、うちの高校はピッチャー以外はつけられなかった。ほかの高校の選手がつけているのを見て、「うわぁ、格好いいな。俺もつけたいな」と思っていた。つけていると、めっちゃ打ちそうに見えたから(笑)。

同じ方向を向いてやるという意味では今のカープと一緒でも、その成り立ちははっきり言って真逆《まぎゃく》だった。

ただ、高校時代を否定したいわけではない。疑問は疑問として、正直たくさんあったけれど、僕１人のチームではないし、野球部には40年以上の歴史もある。監督が長年、築き上げてきたものもある。それに当時はまだ人として成熟できていたわけでもないから、疑問はあっても言われたことに沿ってやることに、意味はあったと思う。達成感が感じられる部分もあった。

大学では一気に自由度が増すことになるので、高校時代はそうやって基礎をみっちり叩《たた》き込んでもらって、結果的にも良かった。大学での楽しい野球というのが本当に新鮮に感じられて、規格外のプレーにも積極的に挑めた。そうしたプレーがカープのスカウトの目にもとまったのだろう。

野球に限ったことではないと思うけれど、同じことを行うにしても、経験したり知っているうえでやるのと、そうでないままやるのとでは中身が違ってくる。監督の大輪さんは厳しい方だったが、振り返れば、僕の原点は高校時代なのだと思う。

カープに入って、こうしてステップアップしていく中で、「僕はこうだと思うんですけど、こっちのほうが良くないですか？」と言えるようになったけれど、そうなるにはこれまでのいろいろな経験が生きていることは言うまでもない。

仮に自分の主張が間違っていたとしても、意見の擦《す》り合わせはしたほうがいい。それは、自分がなにを考えているかを知ってもらうことでもあるからだ。相手に「この人はなにを考えているかわからない」と思われるよりも、自分の考えが伝わったほうがコミュニケーションは図りやすい。

守備のポジショニングで、「こういう状況のときはこっちにいたほうがいいと思うんですけど、どうですか？」とコーチに確認して、「これはベンチの指示だから、こうしてくれ」と返ってくるときもある。そのときは、もちろん従う。

いつも僕の考えがベストであるとは限らないわけだし、そういう会話ができると、迷わずにプレーもしやすい。

衝突を恐れない

ときには相手のやり方や考え方を受け入れられずに、激しくぶつかったこともある。

高校２年生のとき、大学、社会人でもプレーしたＯＢの方がコーチとして戻ってこられて、それまでの練習のやり方をガラリと変更した。

ノックもパターンが違って、僕らとしてはある程度それまでの流れに沿ってやってもらいたかったのだが、いきなり変えられて戸惑った。

しかも、エラーをしたら、次のノックを思いきり強く打ってくる。それも捕れないと、外野にパコーンと打って「捕ってこい！」と。

そんなやられ方をしたことはなかったので、

「ふざけんな！　今まではこんなふうにやっていなかったんだ!!」

と、若気《わかげ》の至りで反発した。

うちの高校はグラウンドの中では常に全力疾走をしないといけないのだが、ボールを追いかけるのも、チンタラ、チンタラと走った。どうしても納得できなくて、ボールを拾いに行っているあいだに怒りのメーターが振りきってしまった。

「ああ、ダメだ」

気持ちを抑えようとしても、それができない。ボールを拾って、ダラダラと守っていたサードに戻ると、そのコーチに、「お前、なにしてんだよ！　走って帰ってこい!!」と怒鳴られた。それで僕は、サードの後方にある、「鳥かご」と呼ばれるピッチングケージに向かって、「なんだ、コラッ!!」と叫びながらボールを投げつけた。

すると、その姿を見たコーチが、ノックを中断。そのままグラウンドから出ていってしまった。先輩たちからは、「お前、謝ってこい」と言われる。自分に落ち度はないと思っているから頭を下げなければいけないという気持ちはサラサラなかったのだが、それでは収拾がつかない。本意ではなかったものの、「すみませんでした」とコーチに謝ると、「もういいよ」と許された。

その日は監督の大輪さんがいなくて、そこまでに発展してしまったのだった。

でも、それをきっかけに、そのコーチとは打ち解けた。衝突したことで、相手がどういう気持ちだったのかを想像してみた。

コーチもエラーをしてほしくない、うまくなってほしいという思いがあったはず。そう考えたら憤《いきどお》りは消えた。実際、コーチの考えもそうだったんだと思う。僕がワッと言ってしまった気持ちをわかってくれたから、不問にしてくれた。その一件以降、自然となんでも聞ける間柄になっていた。

のちのちになって知るのだが、実はそのコーチは、僕がプロ入り後にとてもお世話になっている、元中日・広島の久本祐一さんと、亜細亜《あじあ》大学時代、同級生であっただけでなく、部屋も一緒だったとのこと。なにか、つながっているのだ。

大輪さんにも一度だけ、歯向かったことがあった。もう理由は忘れてしまったのだけれど、練習中に目の前で、「お前、こう、こう、こうだろ!!」とプレーのことを注意されたとかだったと思う。それを素直に受け止められずに、鬼の形相で20、30センチの至近距離から、「ハ～イッ!!」と、あらん限りの大声で返してしまった。

大輪さんもさすがに驚いていたので、僕の押せ押せのような空気になって、ケンカを売るじゃないけれど、「ウラァ～!!」みたいな返事を、さらに4回くらい。まだまだ子どもだったのだ。結局、大輪さんも、「もういい！」って。それも2年生のときだったと思う。

大輪さんが新聞の取材で話されていたのだけれど、長い監督生活の中でものを言ってきた部員は僕だけだったらしい。大輪さんの監督としての歴史に傷をつけてしまったことは、申し訳ない思いでいっぱいだ。

大学時代も、「雨降って地固まる」があった。やはりコーチが変わって、新しい方が来たときだった。ベンチでミーティングを行っていて、話を聞いていたら、「お前、聞いているのか！」と唐突に怒声《どせい》が飛んできた。僕としては普通に聞いていただけなので、「はっ？ウソ!?」と。なにがなんだかわからないでいると、コーチがバーッと僕のところに来て、「なんだ、お前!!」と胸倉をつかまれて、地面に倒されたのだ。まわりが「やめましょう！」と制止してくれておさまったけれど、意味不明の出来事だった。

これもあとでわかったのだが、そのコーチはチームの状況を見て、マネージャーに、「引き締めないといけない」と話していたそうだ。そこで、チームの中で目立っていた僕に厳しくすることで、全体に緊張感を持たせようとしたのだと思う。だから、そのときの僕は悪くなかったはず。本当に(笑)。

でも、それを機に、そのコーチとの距離がすごく近くなった。本当になんでも相談に乗ってもらったし、信頼もしてもらっていた。

試合でも、僕だけサインはほぼ出なかった。「おい、お前、打て」「ホームラン、打ってこい！」みたいな。絆《きずな》のようなものができていった。

僕には、そういう「癖《くせ》」があるのだろうか。

実はカープに入ってから、現在、ヘッドコーチの高信二《こうしんじ》さんともバトルをしているので。1年目（2012年）の秋にフェニックスリーグに行っているとき、当時、野手チーフコーチだった高さんとバトることとなった。

堂林翔太《どうばやししょうた》がその年、一軍で14本塁打するなど注目を集めているころで、練習で翔太がサード、僕はショートでノックを受けていた。高さんはファーストで僕らの送球を受けてくれていた。

でも、翔太と僕に対する対応が明らかに違っていたのだ。翔太のスローイングがそれたときには高さんは足を動かして捕るのに、僕のときには送球が少しでもそれると、「ああっ」と言って、捕ろうとしてくれない。

最初は「あれ？」と思うだけだったのだが、それが続くうちに、「なんなんだよ」と頭に来てしまった。それでボールを思いきり投げつけたら、一塁側ベンチの横のフェンスに突き刺さった。

「なんだ、お前！」

と言いながら、高さんが僕のほうに詰め寄ってきて、僕も納得がいかないから向かっていった。高さんがどうしてそうしたのかはわからないけれど、僕には理不尽としか思えなかった。

その翌日だったか、翌々日。当時の監督の（野村）謙二郎さんが、「お前、高とやったらしいな？」とニコニコしながら話しかけてくれた。そして、「お前の気持ちも理解できるけど、わかるだろう?」と言われて、高さんに謝罪した。完全に納得できたわけではなかったけれど、謙二郎さんの気づかいがありがたかったし、それを無駄にしたくなかった。そこで、きちんと気持ちを整理した。もちろん、高さんとはなんのわだかまりも残っていないから、心配ご無用(笑)。

なんでもケンカすればいいというものではないけれど、お互いがいい加減な気持ちや自分本位ではなく、目の前のことに真剣に向き合ってやっていることなら、強く衝突してもそれが尾を引くことはないのではないか。むしろ、それが強い結びつきを生むこともあると思う。

悩むより動く

どんな人でもミスや失敗はするし、課題や問題と向き合わないといけない瞬間はあるだろう。そんなとき、どうするか。

程度の差こそあれ、大きく分ければ2つのタイプがいると思う。

悩んで考える人と、考えるんだけどまず行動しようという人。僕は後者だ。しかも、前者とは真逆の、そのかなり端っこにいると思う(笑)。

1シーズン143試合の長いペナントレースを戦っていれば、うまくいかないことは少なくない。第3章で説明したように、バッティングは、打率3割を打てば一流とされ、7割はアウトになる。守備でもミスをしたときは、「うわぁ、やってしまった」と思う。でも、それを引きずっていても、打球はまた飛んでくる。それなら、次に向けて動いたほうがいい。練習でノックを受けているときも、そうだ。エラーをしたら、「もう1本、お願いします！」って。

謙二郎さんからも言われていた。

「エラーをしても、下を向くな」

そういう影響もある。

忘れもしないのは、2年目の13年5月7日の横浜DeNA戦。2回裏に無死満塁で正面のセカンドゴロが飛んできて、ショートへの送球を急ごうとして手につかず、拾い上げて投げたものの、セーフ。先制点を奪われてしまった。さらに続く打者の一、二塁間へのゴロに追いつくも、グラブにおさまりきらずに、もう1失点。4回には無死一塁から、なんでもない併殺コースのゴロを捕ってから、ファンブル。その後の失点につながってしまった。

あのときは、本当にヤバかった。バウンドも合わないし、もうダメだという状態。

「次、もう1回！」と思うんだけれど、また捕れない。「くそっ」と自分に腹が立つし、気持ちが沈んでいたかもしれない。この試合では、送りバントも失敗してしまった。

でも、ずっと落ち込んでいたら、グラウンドの上には立っていられない。「もう代えてほしい」という弱気が出てきてしまう。そうなるのがいやなのだ。だから気持ちを切り替えて、前を向くようにしている。

試合が終わってからも、振り返って引きずるのではなく、先を見た。コーチやチームメイトに声をかけてもらって、「すみません」と謝ったけれど、寮に帰ってから悩んだりはしない。出てしまった結果は変えられない。「うわぁ、今日、3つもやっちゃった。やべぇ、どうしよう。明日、球場に行けねぇ」とかではなく、「どうしたら、あれをうまく処理できるんだろう?」と、次のことを考えて行動に移した。

次の日の練習でのノックで、こうやってやればラクだなとか、体を使って答えをさがした。当時はセカンドに慣れていなかったというのもあったけれど、エラーをしたのは事実。受け止めるしかない。

実績もないのにそんなエラーをして、普通なら使ってもらえないのに試合に出してもらっていたので、日々、勉強と思ってやっていた。もちろん、答えがすぐに見つかるわけではないけれど、そういうことが二度とないようにしなければならない。

僕の場合は悩んでいたり、落ち込んでいたりする暇《ひま》があるなら動く。それは、ずっと変わっていない。

見る角度を変える

そもそもシーズン中は、次の試合がすぐにやってくるから、試合後に時間をかけてプレーを振り返っている余裕はない。

先発ピッチャーは次の試合まで中5日、中6日あるけれど、レギュラー野手なら週に6日、試合に出る。もちろんミスをした直後に最低限の反省はするし、修正するところは修正したり、できうる対策は打つものの、時間的に限りがある。

ほかにもやるべきこと、準備することがあって、その失敗ばかりを考えているわけにもいかないので、深く追いかけることはしない。家に帰って試合を振り返ったりもしない。

そのため、エラーやうまくいかなかったプレーについてしっかり考えるのは、基本的にはシーズンが終わってからになる。

やっぱり、改善すべきプレーであったり、気がかりなことは記憶のどこかに引っかかっているのだろう。改めて振り返ろうとしなくても、パッとそのシーンが頭に描かれるときがある。

オフでも、「無」の状態のときなどは、気づくと野球のことを考えている。移動中にぼんやりしながら、「まだ着かないのかな」なんて思っていると、そういえばあの試合の5回裏のプレーってこうしておけば良かったなとか、あの試合でエラーしたプレーはこういうやり方もありだったかなとか。僕に限らず、選手ならみんなあると思うけれど、そういうものがフッと降りてくる。試合中にひらめくときもあるが、グッと入り込んでいるから、意外とアイディアはそれほど出てこない。

それよりもシーズンオフのほうが戦いの緊張感から解放されているから、一歩、引いて考えられるし、違う目線で見られる。また、時間がたって頭が整理されているということもあるせいか、気づくことが多かったり、新しい発想が生まれたりする。

第2章で紹介したピッチャーへの声かけを控えた話もそうだが、狭い視野で見ていたことを俯瞰《ふかん》して見るようにしたり、自分を客観視したりと、見る角度を変えることは、ときとしてヒントや気づきを与えてくれる。

とくに勝った試合よりも負けたときのほうが、ファインプレーよりもミスをしてしまったときのほうが、改善点は浮き彫りになりやすい。

そして、そうしたことが頭に浮かんだときは、自分中心の考えだけでなく、ほかの選手がどう感じるかなど、いろいろな見方をするようにしている。

目標への道は、1つではない

それにしても丸（佳浩）と（田中）広輔だけでなく、安部（友裕）、（野村）祐輔と、カープでは同学年（１９８９年4月～90年3月生まれ）が一軍で活躍している。

丸とは不思議な縁《えん》がある。高校時代の07年3月、丸のいる千葉経済大学附属高校が春のセンバツに出場して熊本工業高校と戦った試合を、僕はたまたま甲子園球場で見ていたのだ。

広輔も神奈川県の名門・東海大相模《さがみ》高校出身だし、祐輔は地元・広島県の広陵《こうりょう》高校で07年夏の甲子園の準優勝ピッチャー。安部も福岡工業大学附属城東《じょうとう》高校から高校生ドラフト1位でカープに入団したように、当時から名前が知られていた。

それに比べて僕は、本当に無名の選手だった。そんなみんなとこうして一緒にプレーしていることを考えると、「俺、頑張ってきたな」と思う（笑）。

でも、目標にたどり着く道は、１つではない。距離もそうだし、直線なのかクネクネし

MARU
9

ているのか、上り坂もあれば下り坂もあったり、ゴールがどのタイミングで見えてくるのかも異なる。ほかの人と同じ道を通ることはできない。

僕が歩んできたのは、険しい道のりだったと思う。東京都から長野県の武蔵工業大学第二高校（現東京都市大塩尻高校）に進学したのも、特待生とかではなかった。見知らぬ土地に行って、しかも超寒い！　慣れないことばかりだったし、甲子園にも出られなかった。

中京学院大学も東京六大学や東都大学リーグではなく、岐阜県の地方リーグだったけれど、カープに入団できた。今、こうやって同じフィールドに立っていて思うのは、「甲子園出場がすべてではない」ということ。

もちろん甲子園に行きたかったたし、その思いがあるから頑張れた。叶《かな》わずに涙を流したり、悔しい思いもした。でも、出場するのはすごいことだけれど、甲子園だけで、その後の野球人生のなにもかもが決まってしまうわけではない。

高校の監督の大輪さんが紹介してくれて大学で野球を続けられ、大学時代は頭の中からプロ野球選手になる夢が消えかかったときもあったが、自分なりにしっかりと野球に取り組んできて良かったなと感じる。

どんな目標に対しても同じだと思う。１つのことで全部が決まることは、ほとんどないはず。大事なのは過程の出来事に左右されすぎずに、目標をきちんと見据《みす》えて進んでいくことだろう。

カープに入ったときも、周囲のレベルの高さを感じた。甲子園出場経験者や激戦の大学リーグ、社会人でしのぎを削ってきた選手の集まりだからだ。

それでも僕は、たくさんのことを教えてもらいながら、少しずつ階段を上ってこられている。入団してからというのは、楽しいこともあったけれど、まわりの方に助けていただきながら、きついこと、やるべきことをこなしてきた。それで今の自分がある。

侍ジャパンにも選んでいただいて、17年の第4回ＷＢＣにも出場できた。そこで一緒に戦った同学年の北海道日本ハムの（中田）翔も、高校のときからすごかった。大阪桐蔭《とういん》高校で、通算87本塁打なのだから。

それでも、数年を経て、同じ侍ジャパンの一員となり、大舞台でプレーできた。ただ、僕ら世代のトップはやはり、その翔や、巨人の菅野智之とか、輝いている選手たち。僕は、２番手グループには入れているのかな、くらいだけれど。

それに、マエケン（前田健太）さん（ロサンジェルス・ドジャース）や、田中将大《まさひろ》さん（ニューヨーク・ヤンキース）、坂本勇人さん（巨人）といった、１つ上である88年生まれの学年の世代に素晴らしい選手が多くいたこともあって、僕らの代は豊作という見方はあまりしてもらえなかった。

でも、今は第４回ＷＢＣにも数多く名前をつらねるなど、各球団で中心選手が増えている。そうした低かった評価だって、変えることはできるのだ。

球界全体で世代交代が進んでいる時期だと言われるけれど、本当に一気に若返っていると感じる。僕がカープに入ったころは高橋由伸《よしのぶ》さん（元巨人、現巨人監督）らスター選手が君臨していたし、各チームのスタメンやベンチの選手もベテランが多かった。

それに比べると今は、本当に若い選手が多くなった。僕らの代だけでなく、下の年代も多く出てきている。横浜ＤeＮＡの筒香嘉智や東京ヤクルトの山田哲人、エンジェルスに移籍してメジャーリーグに挑むこととなった大谷翔平だっている。若い選手にガラッと変わってきたと言えるだろう。ここまで急な世代交代というのは珍しいのかなと思うし、１、２年目のときは考えられなかったのだが、どんな可能性も排除できないということを教えてくれている気がする。

もちろんベテランが必要ないと言いたいわけではない。カープも、新井貴浩さん、石原慶幸さん、16年まで一緒に戦った黒田博樹さんもそうだけれど、ここぞというときに、経験豊富な先輩方の力が必要なのは確か。

でも、若い力というのは、未知の可能性を秘めている。若さってすごいなって思う(笑)。

今の僕はそのあいだに立っているのかなと考えているけれど、そういう立場だからできること、やるべきこともあると思うので、そこは頭に置いている。

自分なりの評価基準を持つ

評価というのは、あくまでまわりがするものだ。

プロ野球もそうだけれど、どんな世界も認めてもらうには、結果を出すのがいちばんわかりやすい。僕らも成績を見せられたら、なにも言えない。

ただ、僕は数字がすべてだとは考えていない。とくに2番バッターを任されているので、そう思う。成績にあらわれないものもある。

例えば、ランナーを進めるバッティング。それが得点に結びつけばチームの勝利に貢献できるからすごく大切にしているけれど、打率は下がる。進塁打を求められるバッターとそうではないバッターでは、打率自体の評価も同じというわけにはいかないと思う。

バントは記録として数も出るし、成功すれば打率が下がることはない。

しかし、バントの頻度《ひんど》があまりにも多いと、本来のバッティングのほうのタイミングがとりづらくなって、ヒットが出ない要因になる。

もちろん、結果は出したい。出さなければいけない。でも、僕の中では、内容がいちばん大事だ。数字ではなく、内容と向き合うようにしている。

僕だって、どの打席でもヒットを打ちたいし、打率だって高いほうがいい。打率が下がれば、気にはなる。打点も、100を超えてみたい。ホームランだって、打てるものなら50本でも60本でも打ってみたい。盗塁だってたくさんの数を決めたい。

でも、やはり僕が追求すべきところは、そこじゃない。

1人ではなく、みんなで戦っている。そんな自分の数字だけを欲しがる選手の集まりだったら、絶対に勝てない。状況、状況で、いかにチームの役に立てるか。

2番バッターなら、無死で一塁とか二塁にランナーがいれば、バントやヒットエンドランのサインが多く出る。ヒットを打つのとは違い、100パーセント成功させなくてはいけない。

サインに、いかにこたえられるか。「要求に、120パーセントでこたえる」と、そう自分に言い聞かせて、打席に立っている。それが僕の役割だから、追い求めるのも、そこなのだ。チームが求めるバッティングを成功させていられれば、仮に打率が落ちていっても、納得できる。チームが勝てれば、それでいい。

現役を終えたときに生涯成績としていろいろな数字が並ぶけれど、「そこにはあらわれないものを残してきた」と言いたいし、チームの勝利に少しでも貢献できるプレーを続けていれば、引退したときの自分の達成感も変わってくると思う。

それに、そうした自分がやるべきプレーがなにかという軸がしっかりしていれば、まわりからの評価に心を乱されたり、自分を見失うことはない。

ファンの方たちがいだく僕に対するイメージを過剰に意識することもないし、イメージと戦ったりもしない。

この章の冒頭で、自分をあらわす言葉の例として「破天荒」「規格外」などを挙げたけれど、メディアでもそうやって取り上げてもらうこともあるし、ファンの方にそうやって言われることもある。しかし、僕自身はそれを普段から強く考えることはない。

もちろん、みなさんには感じたままに言ってもらえればいい。守備範囲が広いとして「エリア33」と表現してもらうこともあるし、それこそ「サル」と言われてもOKだ(笑)。

そういうふうになにか思ってもらえるということは、見てもらっているということだし、気にかけてもらっている証拠なのかなと思う。だから、どんなふうに評してもらっても、どんなあだ名をつけてもらってもウェルカム。

でも、そうしたイメージに見合うような自分でいたいとか、近づけようとは思わない。自

33
10

分がチームのためにやるべきことをやっているだけ。なので、周囲のイメージを意識することもない。ただ、それも、自分なりの価値観を持っていてこそだと思う。

親しき中にも礼儀あり。先輩イジり、タメロも信頼から

ファンの方の僕のイメージの中には、「先輩、後輩問わず、誰とでもフレンドリーにやっている」というものも多いようだ。

確かに、先輩とも後輩とも、いい意味で遠慮せずにやらせてもらっている。ときには、先輩をイジったり、後輩にイタズラを仕掛けたりすることも、なくはない(笑)。

松山竜平さんのことを「マッちゃん」と呼ばせてもらっていたり、先輩に敬語を使わずに接することもあって、みんなから「大丈夫か?」と心配されることもある。筋が通っていないと感じている人もいると思うけれど、当然、最初からそうしているわけではない。

あいさつから始まって、そうした間柄になるまでに一緒に食事に行って話をしたりということを重ねている。もちろん、マッちゃんをはじめ先輩たちが優しくて許してくれているのだが、いつでも、誰でもそれでいいかというと、それは違う。

新井さんともすごく仲良くやらせていただいているが、チームのことで困ったときに話を聞かせてもらったりするときなどは、年長者に接する、きちんとした態度をとるのは言うまでもない。そのあたりは見極めているつもりだ。

メディアの方たちとの関係でも、距離の縮め方は基本的に変わらない。ごはんに行ったりという時間を経て、相手によってはざっくばらんに付き合わせてもらっている。ただ時間をともにすごしただけというわけではなく、真剣に話し合うこともある。

最初は「お疲れ様です」というところから始まって、年上の人にはきちんとした言葉づかいをして、親しくなれば食事をしながら、「ああでもない」「こうでもない」と、本音で話もする。相手が年上でも、「オウ！」とか、「おつかれ」とか、「今日、ちっちゃなカメラを持っていたね」という絡《から》みになっていく。

その途中過程を知らない、あとからカープ担当になった記者の方がはたから見たら、「菊池は、年上の記者に対して、失礼なものの言い方をしている」と思うだろう。

でも、僕とタメ口で話させてもらっている記者の方とのあいだには、お互い仲間みたいな感覚が生まれている。キャンプのときなんかは、僕から「メシ、行くぜぇ！」と言うくらい、仲がいい。マスコミ各社の担当記者はだいたい２、３年で交代するのだが、新しく来たばかりの人に最初からフランクな態度をとったりはしない。

そうしたことは当たり前だと思う方もいるだろうが、若手の中には相手が年上の人でも、いきなりタメ口をきく選手もいる。

僕の姿を見てというわけではないだろうし、各々《おのおの》の感覚の問題なので注意をしたりということはしないけれど、言われた記者の方がどう受け止めているか気になって、「どう感じていますか?」と聞いてみたことはある。

「なんでなんだろうね」と言う人もいれば、「そういう時代だから仕方がない」と話す人もいた。でも、僕の中ではありえないことだし、なにごともきちんと順を追って進めるべきだと思う。

親しくしている人がいる一方で、苦手な人とはなかなかしゃべれない。その日だけならなんとかなるけれど、長い期間でとなったら正直、少しキツい。僕も人間なので、この人とは合わないなというケースもあるし、ニュースとして世間のみなさんに届けられるので、こちらの言葉を間違って扱われたりすれば、話がしにくくなる。良い言葉も出てこない。プロ野球選手としてメディアの向こうにファンがいることはわかっているが、苦手だと思ったら、自分からは近づかない。

それらは、プライベートでも同じだ。

広島でいろいろな方を紹介していただくことがあるけれど、なにか違うと感じたら、あいさつをする程度の関係にとどめている。本当に親しくさせてもらっている方たちももちろんいるけれど、その違いは「温かい関係」なのか、どうか。

例えば、試合が終わって、「ごはんを食べに行こう」と誘われたとする。でも、疲れていたり、体調がすぐれないときは絶対にある。僕らは体が資本だから、そちらを優先しなければいけない。そのときにちゃんとことわれる相手なのか。

「すみません、今日はちょっとしんどいんです」と言ったら、「じゃあ、また今度、行こうね」と返してくれる人か、どうか。こうやってことわれるのは当たり前のことと思われるかもしれないけれど、気をつかって「じゃあ、ちょっとだけ顔を出します」という選手が、実際にはいっぱいいる。（鈴木）誠也や（大瀬良《おおせら》）大地なんかも、性格的にことわるのが苦手なタイプ。

だから、彼らにもそうだし、年下の選手たちには、「いつでもことわれる間柄になれる人と付き合いなさい」と、そこに関しては、口酸っぱく話している。

僕はそういう気づかいはいっさいしない。それで関係性が変わってしまうような相手なら、付き合う意味はないと思う。まだわからないが、現役を終えたときにも仲良くしてもらえるのか。

ことわれない相手というのは、「グラブをもらえない？」「バットが欲しいんだけど」とか、僕らがプロ野球選手だから声をかけてくれている節《ふし》が見える。

僕が親しくさせていただいている方々は、そういうことをいっさい言わないし、静岡で行っているオフの自主トレをわざわざ広島から手伝いに来てくれたりもする。一緒に旅行にも行ってくれたり、うわべだけじゃない付き合いをさせてもらっている。この先、僕が引退してプロ野球選手でなくなっても、関係性は変わらないと思う。

僕はエリート街道ではなく、様々な環境で野球を続けてきたので、本当にいろいろな人を見たり、接したりしてきた。子どものときはやんちゃな人もいたし、高校では厳しい上下関係も経験し、大学ではくだけた雰囲気の仲間が多かった。

それが絶対に正解だとは言いきれないけれど、そうした歩みの中で見つけた、人を選ぶ1つの答えが、「温かみ」なのだ。

2人の温かいじいちゃんに、優勝を誓った

温かみを大切にするようになった原点は、子どものとき、じいちゃん、ばあちゃんと一緒にいる時間が長かったことなのかもしれない。

祖父母の家へは、たまに遊びに行く程度の子も多いだろう。でも、僕は家が近かったこともあって毎日のようにじいちゃんの家に行っていた。お菓子もくれるし、本当に良くしてもらって、常に温かく見守ってもらっていた。

晩ごはんをごちそうになることも多く、じいちゃんは野球が大好きだったので、プロ野球中継を並んでよく見た。僕の野球のことで「ああしろ」「こうしろ」とはまったく言われなかったけれど、いつも応援してくれていた。

でも、じいちゃんなので、ほかによく見ていたテレビ番組は『渡る世間は鬼ばかり』とか『水戸黄門《みとこうもん》』とか『笑点《しょうてん》』とか。当時は「なんだこれ」って感じだった(笑)。ただ、現在の僕は音楽などの「80年代」ものが好きなのだが、そういう番組を見て育っているからというのもあるのかもしれない。

地元に帰ったら会いに行くばあちゃんは今もびっくりするくらい元気だけれど、じいちゃんは15年の秋に亡くなった。シーズン終盤を戦っているときだったので、最期を看取《みと》ることはできなかった。

その前、移動休みが東京であったときに、入院している病院にお見舞いには行けた。ウイルスかなにかをもらってしまって隔離《かくり》されていたので、離れたところから手を振ったりして。それがわかるか、わからないかというような状態だったと思う。

でも、弱って元気がないようには見えなかったのだが、それから10日ほどして、息を引き取った。その日もたまたま東京に遠征していたので、連絡をもらってすぐにじいちゃんの家に向かった。昔の人なので、最期は家で迎えたかったのだ。

僕はばあちゃんに「棺《ひつぎ》に入れて燃やしてほしい」と伝えて、サインとメッセージを添えたバットを渡した。

「天国から見守っていてください」

じいちゃんは頭が良くて、先生とかをやっていたそうだ。高齢でもパソコンを使いこなしていて、年賀状なども自分で作ったりしていた。僕は勉強はできなかったけれど、頭の回転はそれなりに早いほうなんじゃないかなと思うので、そこはじいちゃんのおかげかも。

また、じいちゃんはひょうたんを作るのが趣味で、表面に鶴の絵とかも入れているのだが、それがめちゃくちゃうまい。たくさんある中から2つ、あとネクタイを3本、形見としてもらってきた。

ひょうたんは、家の治療部屋に置いてある。それに触れてから試合に行くとか、そばにいてくれている感覚があるとかではないけれど、やっぱり、「見守っていてね」と語りかけたりする。リーグ優勝したときも、そっと報告した。

もう1人、墓前で手を合わせながら、優勝を伝えた人がいる。広島でよく行く磯辺料理屋の「さかい」というお店があるのだが、そこの大将だった酒井博幸さんを「おやじ」と慕《した》っていた。

プロ2年目ぐらいに知り合って、そのときすでに60歳を超えていて「おやじ」と呼ばせてもらっていたけれど、どちらかというと、おじいちゃんという感じ。多いときは週に何度もお店にお邪魔していた。憩《いこ》いの場だった。

おやじもいつも、「今日、キクちゃん、店に来るのか？」と気にかけてくれていたそうで、普段は寿司を握ったり、料理をしているのでカウンターから出てきてお客さんとしゃべることはあまりないのだが、僕が行くとよく出てきて話をしてくれた。すごく良くしてもらったし、お世話にもなった。話し出すと長いので、「また、その話をするの？　もういいよ、おやじ」なんて軽口を叩《たた》いたりもしていた。

おやじが亡くなったのは、15年の7月のこと。その前から体調が悪いということで、「店は息子さんに任せて、早く帰りなよ」と言うこともあったけれど、店に出続けていた。

でも、その後、店に出てこなくなって、入院されて心配していたのだが……。

お通夜には間に合わなかったけれど、ご家族が斎場《さいじょう》にまだいらっしゃるということで、試合が終わってから、大地と一緒に駆けつけた。大地もおやじにお世話になっていたのだ。

そのときも、「ユニフォームを一緒に燃やしてください」とお願いした。女将《おかみ》さんは「もったいないわよ」とおっしゃったけれど、棺に入れていただいた。

おやじに手を合わせて、「頑張ります。優勝します」と誓った。その後、約束を果たせたことには達成感があった。

2人のじいちゃん。今も、空の上から温かい人に見守ってもらっていると思う。

弱みは見せない

「いつも自信満々でやっている」

僕を見て、そんなふうに感じている方も少なくないそうだが、不安がない人なんていないのではないだろうか。それまでにやったことがない挑戦や、新しいものを求められれば、僕もやっぱり不安を覚える。

14年に、基本的に2番バッターで固定されることになったときもそうだった。右打ちに徹するというバッティングはやってきていないし、バントだってうまかったわけではなかった。しかし、先ほども触れたように、それでも出されたサインは忠実にこなさなければならない。内心では「大丈夫かな」というのはあった。

でも、そういうときでも不安は見せないようにしている。実際は違っていても、「大丈夫です、やれますよ」と振る舞う。２番バッターになったときも、コーチには、「俺、できているでしょ」という感じに見せていた。

しかし、２月のキャンプからしばらくは、手ごたえは得られなかった。紅白戦やオープン戦を重ねていき、シーズンが始まって打球が一、二塁間を抜けたり、ライト前へのヒットが、ポン、ポンと打てたりして、段階を踏みながら徐々にやれるかなと思えてきた。なんとか自信を持てるようになったのは、シーズン中盤になってから。さらに確信になったのは、最後のほうだった。それまでは半信半疑でやっていたのだ。

体のケガや痛みに関しても、相手はもちろん、味方の選手にも悟られたくない。

カープのチームメイトは仲間だけれど、ポジションを奪い合う競争相手でもある。毎年、毎年、新しい選手が入ってきて、毎日が戦い。それに勝っていかなければ試合に出られないのだから、弱いところは見せられない。

そして、なにより周囲に不安を与えたくない。16年には、25年ぶりのセ・リーグ優勝が目前に迫った9月の試合で、ファウルフライを追いかけて、一塁側フェンスに右ヒザを強打。めちゃくちゃ痛かった。

目指してきた優勝が近づいてきて、その場にいたいというのもあったけれど、その後にはクライマックスシリーズ、日本シリーズという大事な戦いも控えている。離脱となれば、チームの中にも、ファンの方にも、「ずっとセカンドを守ってきた菊池が、このタイミングで離れて、カープは大丈夫か？」と、心配させてしまうかもしれない。それは、大きなマイナスだ。

「こんなところで休んでいられない。引っ込むわけにはいかない」

そんな気持ちだった。本当にヒザが曲がらないような状態で一度ベンチには下がったけれど、「ヒザをグルグル巻きにしてくれ」とテーピングで固めて、戦いの場に戻った。悪い影響を生じさせたくなくて、平然とプレーしたのだった。

それに、今はそういうことはないけれど、「あいつ、ヒザが痛いんだな」と相手に悟られたら、そこに向かってスライディングをされたりすることが、昔はあったので。

弱みを見せない、泣きごとを言わないというのは、高校時代に培《つちか》われた。

高校のときは、ちょっとでも「痛い」と言うと、「じゃあ、もう休んでおけ」と突き放され、練習をさせてもらえない。みんなに差をつけられる。だから、ちょっとやそっとのことで休める環境ではなかったのだ。大学時代は、弱音ばかり吐いていたけれど（笑）。

15年も両ヒザを痛めた。5月の横浜ＤｅＮＡ戦で、打球処理の際に左ヒザに痛みが走った。さらにその後の千葉ロッテとの交流戦で、今度は右ヒザを痛めてしまった。両方とも内側側副靱帯《ないそくそくふくじんたい》と後十字《こうじゅうじ》靱帯が伸びた状態だった。それでも首脳陣やトレーナーには、「やります」と言った。シーズンを戦い抜いたあと、ＭＲＩ検査を受けたのだが、どの靱帯も損傷していた。やはり同じ5月の東京ヤクルト戦では、頭部にデッドボールを受けた影響で、首痛も発症していた。

体は思うように動かず、コンディションが良ければ追いつける打球が捕れないことも何度もあって、迷惑をかけてしまった部分もあった。

でも、試合に出ないという選択は考えられなかった。

就任したばかりの緒方孝市監督に、丸と一緒にチームを引っ張っていってくれという話をしてもらっていたので、どういう状態でも期待にこたえたかったし、こんなシーズンの早い時期にケガで離脱なんてできないという意地のようなものもあった。「本当に痛かったら、すぐ外すから」と言われていたけれど、弱音は吐きたくなかったのだ。

自打球が当たって、「うぎゃあ」と叫びたくなるくらい痛くても、グッと飲み込む。とにかくグラウンドでは、痛がっている姿を見せたくない。

第6章

成功をつかみ取る

~「菊池流」目標を達成する方法~

変態になれ

成功を手にするため、結果を残すためにどうすればいいのか――。

この章では、目標達成への僕なりの成功メソッドを綴《つづ》っていく。もしかしたら、読者の方の日常や仕事などにも役立つヒントになるかもしれない。

まずは「変態」のすすめ。いきなり、なにを言い出すのかと思われそうだが、一度、真剣に考えたことがある。プロ野球選手って本当に「野球バカ」だなと。何人かは本物のバカと思われる強者《つわもの》もいるけれど(笑)。

それはさておき、プロ野球選手は毎日、毎日、同じことをしている。広島でナイターがある日なら、13時ごろには球場入りして、練習をして、試合をして、食事をして、自宅に帰って寝る。そして、また次の日も試合。ほぼ変わらない一日を、オープン戦が始まる3月から10月までの8か月くらい続けている。試合のない日も完全な休みではなく、移動があったりする。ゴールデンウイークのような大型連休もない。夏休みもないから、海にも行けない(笑)。

2月の春季キャンプではずっと練習。オフも自主トレをしたりするので、365日ある中の３００日以上、野球に関わることを繰り返しやっている。ほかの時間でも体のケアであったり、食事なんかも体への影響を考えたり、常に野球を最優先にした生活を送っている。心身ともにタフでなければやっていけない。

一般社会の人なら、転職だったり、いろいろな選択肢がある。ゆっくりできる休日もある。会社勤めなら有給休暇を取れば、休みたいときに休める。一方、１つのことにそれだけの時間や労力を費やしている僕らプロ野球選手というのは、もはや「変態」と呼べるんじゃないかなと思う。

トレーナーさんにそんな話をしてみたら、「確かにそういうふうに言われたら、バカというか、変態というか、そういう領域だよね」と、うなずいていた。突き詰めたら「バカ」か「変態」の2つの言葉しかない気がする。あとは、「オタク」といった表現くらいだろうか。

確かにプロ野球選手は夢のある職業だけれど、なりたいというだけの人に、「じゃあ、同じことをやってみて」とやらせても、まずできないはず。自分で言うのもなんだが、それくらい甘くないことをやっているという自負は持っている。できているのは、やはり好きだから。そのくらい野球が好きだし、ほかのみんなも同じだと思う。だから通じ合えるところがある。子どものころから野球を飽きずに続けているのは、なによりも好きだから。

そして、好きだから、変態になれる。どこかで挫折《ざせつ》した、つらくてやめたという選手は、変態になりきれなかったんじゃないかなと思う。同じことを続けるのは、つらいときもある。でも、その中で今日はちょっとうまくいった、少し成長できた、前よりいい結果が出せたといったことが、明日以降の糧《かて》になる。だから、自分でそれを意識的に認めるようにするのもいい。

どんなことでも人より秀《ひい》でたい、トップクラスとして活躍したいと思えば、ほかの人と同じことをやっていては難しい。どこか突き抜けているところがないといけない。そんなふうに感じることが少なくない。

変態というと、一般的には良くないイメージを持たれがちかもしれないけれど、もちろんそうではなくて、いい意味で普通とは大きく異なっている、違うやり方をしている。そんなプラスの提言として「変態になれ」と言いたい。

環境、目標が人を変える

目指すものがあるから頑張れる——。

そのことをいちばん実感したのが大学生のときだった。高校での厳しい練習の日々から一転して、中京学院大学では自由な野球が待っていた。

僕が卒業して数年後の2016年6月に開催された全日本大学野球選手権大会において、母校・中京学院大学は初出場・初優勝をとげた。そんな大きな結果を出した、現在の野球部がどういう状況になっているか詳しくはわからないけれど、僕らのときは正直、ラクな環境だった。

ノックの本数も全然少なくて、「あら？」という感じ。高校のときとのギャップの大きさに、「草野球みたいだな」と思ってしまうほどだった。

アルバイトが入っていれば、「監督、バイトがあるので、お先に失礼します」と、練習を切り上げることも認められていた。

もちろん自由にやる楽しさを知ったり、先輩、後輩との関係が上、下というより仲間感覚でやらせてもらえる経験もできたけれど、ラクな状況に流されてしまった部分もあった。

高校時代は、体のどこかが痛かったとしても、グラウンドから離れることはしなかった。でも、大学ではちょっとでも痛いところがあれば、「監督、ちょっと痛いです」と言って、ラクをしていた。

それもこれも、目標を見失っていたからだ。

高校時代は、「甲子園出場」があった。しかし、大学1年のころはなにもなかった。プロに行きたいなんて、微塵《みじん》も考えていなかった。

状況が少し変わったのは、2年生のときの09年春季リーグ後。三冠王を獲《と》れたこともあってか、その年の日米大学野球選手権大会の日本代表候補合宿に呼んでもらえた。そのときが大きなターニングポイントになった。

中京学院大学が加盟している東海地区大学野球連盟の岐阜学生リーグは、各大学に2、3人はいい選手がいるものの、東京六大学リーグや東都大学リーグに比べれば、レベルの差は歴然としていた。

日本代表候補には、早稲田大学で1つ上の世代の斎藤佑樹《ゆうき》さん（現北海道日本ハム）や、同じく早稲田の同学年で今はカープでチームメイトの土生翔平、明治大学の（野村）祐輔。そして、高校の2つ上の先輩で亜細亜大学に進み、強い影響を与えてくれた中原恵司《けいじ》さん（元福岡ソフトバンク）。ほかにも高いレベルのリーグから選《よ》りすぐられた逸材が集まっていた。僕とはレベルの違う選手しかいなかった。

でも、その合宿で「彼らに追いつきたい」「また選ばれたい」という思いが湧《わ》いてきて、そこから自分で考えて努力するように変われた。

中京学院大学の監督の近藤正《ただし》さんが選手を尊重してくれる方だったのも、それに拍車をかけてくれた。高校時代とは真逆《まぎゃく》で「ああしなさい」「こうしなさい」はなく、自分で、こ

のほうがプレーは速いんじゃないか、投げやすいんじゃないかと、考える力をつけられた。高校では制約があったグラブトスも、遊び感覚でやっていくうちに覚えていった。

近藤さんがよくおっしゃっていて、最も印象に残っているのが、「大胆に行け！」という言葉。正直、最初はなにを言っているんだろうと、ピンとこなかった。

でも、次第に、バッティングなら「狙《ねら》い球が来たら、結果を気にせず振る」、守備なら「前に出たほうがいいかな、いや、下がろうかなと悩んでいるなら、前に行ってしまえ」といった、プレー中は頭で考えすぎて体が動かない、足が出ないというふうにならないようにしろということだと、僕なりに解釈した。

そうした部分は、今の思いきった守備や走塁、バッティングにもつながっている。

目指すものに向かって自ら考え、動き出す。大学はそれを覚えた場所だった。

声の力を利用する

体や足だけでなく、もう1つ、考えすぎると出てこなくなるのが、声だ。

カープに入団して1年目の12年、僕は壁にぶつかった。プロのピッチャーの球はスピードだけでなく、キレが尋常《じんじょう》ではないほどすごかった。それまで見てきた球とはまったく違う。「めちゃ、速いじゃん」「なんだ、この変化球」「どうやって打つんだよ」と、みんながみんなすごくて打ちひしがれた。

しかも球自体が、アマチュア時代とは違う、プロ野球で前年から導入されていた低反発球ということもあって、「全然、飛ばねぇ」も加わった。

ケガもあって開幕は二軍で迎えたものの、6月の終わりに一軍でデビューし、7月以降はスタメンで出してもらうようになった。

しかし、ヒットは出ない。シュンとしていたわけではないけれど、ベンチで「今の球は甘かったよな」とか、いろいろ考えていると声が出なくなる。決まって、監督の（野村）謙二郎さんの言葉が飛んできた。

「若いのが、もっと声を出せ！」

当時は、堂林翔太も試合に出始めたシーズンで、同じように考えたり、悩んだりしていたと思う。翔太も僕も、チャンスで打てずに、下を向いてしまったときもあった。

謙二郎さんには、いつも叱咤激励《しったげきれい》してもらっていた。

たとえ打てなくても絶対に声を出してやろうという気持ちになっていった。それだけでも、前を向けていると思う。

そして、そうやって言われているうちに、打つことに関してはあまり期待されていないのかもしれないと思い始めた。当時は技術も伴《ともな》っていなかったし、対応力もない。フッと頭をよぎった。

「打てないなら、守備で貢献したい。守りはしっかりやろう」

謙二郎さんも、そういうことを言いたかったんだと思う。

しっかり守って0点に抑えれば、試合は優位に進められる。点を取ることに絡《から》めなくても、与えないことに役立てればいい。守りへの意識が高まるきっかけだった。

現実には、12年は63試合で9失策、13年が141試合で19失策。

たくさんのエラーをした。

当時はエラーをすれば「やってしまった」と思うこともしばしばだったけれど、そのたびに謙二郎さんから、「下を向くな!」「前を向け!」「声を出せ!」と言ってもらった。13年にはマエケン(前田健太)さんが投げている試合で3つもエラーをしたこともあったのだが、「気にしなくていい」と言ってくださったり、ほかのピッチャー陣にも支えてもらった。

今もミスをすれば、「あ〜っ」という声が漏《も》れてしまうときもある。でも、ベンチに戻れば、自分で「行くぞっ!」などと言うのが、当たり前になった。

声を出すことは、みんなができること。その力を利用しない手はない。

知らないことは恥ではなく、伸びしろ

「お前は野球を知らずに入ってきたんだから、どんどん吸収していきなさい」

謙二郎さんに言われた中で最も鮮明に耳に残っているのが、この言葉。

僕がなにかを聞いて返されたわけではなく、プロ１年目の早い時期にポンッと言われた。普通の選手なら「エッ!?」と思うのかもしれないけれど、「俺、知らないんだ」とスッと入ってきた。

中京学院大学では、打席に立てば基本、「打て」しかなかった。サインプレーは、エンドランすらほぼなし。塁に出ても、盗塁しかない。守備でも、高度なチームプレーをやっていたわけではない。そういう野球が４年間、染《し》みついていた。だから、すべてを吸収しなければいけないと、素直に受け止められた。

実際、守備のフォーメーション練習をしていても、いろいろなブロックサインがある中で、知らないプレーがいくつも出てきた。

セカンドで試合に出させてもらうようになったものの、大学まではずっとショートやサ

ードをおもに守っていてセカンドはほとんどやった経験がなかったから、動きがわからなかったりもした。

「カバーはもっと、こっちに入るんだろ！」と怒られたりして、先輩に「すいません、全然わからないです」と言って、教えてもらいながら、なんとかやっていた。

それでも、理由はわからないけど、謙二郎さんには本当に目をかけていただいた。1年目も2年目もキャンプで特守をやるとなれば、（石井）琢朗さん、高信二さんらコーチ陣がノックを打ってくれる中、常に横で見てくれていた。

自らもノックを打ってくれたり、キャンプ地が近い埼玉西武ライオンズとの練習試合に行ったときには、試合後にそこのサブグラウンドに移動し、特守のノックをしてもらったこともあった。

シーズン中も、みんなは移動してオフという「移動休み」の日でも、僕は必ず11時ごろにマツダスタジアムのグラウンドに出てきて、練習してから移動。自分の時間がほとんどなかったけれど、謙二郎さんも僕のために時間を割《さ》いてくれた。

そうした特別な状況が日常になっていた。いろいろなことを指導してもらったし、バッティングで左足を上げて打つようになったのも、謙二郎さんのアドバイスから。守備だけでなく、バッティングをしていても、走塁をしていても、横にいればいつも声をかけてもらっていた。

もちろん、叱《しか》られることもたくさんあった。

バッティングで追い込まれたら打てないからと早打ちした際に、「もっと状況を見ろ！」と叱られたり、「凡打でも、一塁まで全力で走れ！」と言われたり。本当に普通のことだけど、やれることをやる重要性を説いていただいた。謙二郎さんは僕を監督室に呼んで、ミスや悪い結果を引きずらずに当たり前のことを当たり前にやるということの大切さを、熱心に言い聞かせてくれた。

それは、ホームゲームだけではなかった。遠征先でも、宿舎の謙二郎さんの部屋に何度も呼ばれた。

試合が終わって、バスで宿舎に移動する。着いてバスを降りて部屋に向かおうとすると、監督付きのマネージャーから「監督の部屋に行ってくれ」と告げられる。最初は「エッ？」と思ったけれど、そのうち呼ばれ慣れてくると、「ハイッ！」に変わった。

部屋に行くと、ドアの前に丸（佳浩）がいる。一緒に呼ばれることが多かった。呼び鈴を押して、２人で「お疲れ様です。失礼致します」と入っていく。その日の試合を振り返ったりしながら、「こういうときはこうだろう」「あそこは、なんでこうじゃなかったんだ？」とケースバイケースのプレーや考え方を教えてもらった。1つひとつすべてが勉強になって、身についていった。

そこまでしていただけるというのは本当にありがたいことだし、あの時間がなければ、今の僕はいない。ここまで育てていただいて、謙二郎さんには、感謝してもしきれない。

変わる勇気を持つ

プロ野球の世界で、監督が選手を食事に誘うというのはあまり聞かない。全員を平等に連れていくことはできないし、選手起用の面で情《じょう》が出てしまうこともありうるから、一線を引く監督が多い。

でも、謙二郎さんは違った。選手数人をピックアップして、よく食事に連れていってくれた。丸と僕は必ずと言っていいほど誘っていただいていて、そこにテツ（小窪哲也）さんと、マッちゃん（松山竜平）が加わった4人という組み合わせがいちばん多かった。

それ以外にも、そのときどきで謙二郎さんがほかの選手に直接、声をかけることもあれば、「おい、今日、あいつ、あいているかな？」と聞かれて、僕らがその選手に確認して、一緒に行ったりもした。

当然、野球の話もしていただいたのだが、全然くだらない話題で盛り上がったりもしていた。教えてもらう昔のカープの話はびっくりすることもあって、例えば、キャンプではウォーミングアップを1時間やっていて、長いときには午前中ずっとやっていたとか。そうなったらもうアップじゃない。ずっと走っている。キャンプでそこまでボールを使わない時間があるというのは考えられないけれど、そういう時代もあったんだなと、それはそれで興味深く聞いていた。

賛否両論あるだろうが、そういうざっくばらんな機会があって、謙二郎さんと選手が打ち解けられた部分は絶対にある。

謙二郎さんも10年に監督になってしばらくは、厳しい面を出していたそうだ。それが、僕が入団した監督就任3年目の12年あたりから、選手と食事に行くこともそうだし、オンとオフをしっかり切り替えてやろうというスタンスになったと聞いた。監督の中でも、分岐点があったのかもしれない。

それまで信じて続けてきたことを変えるのは、勇気がいる。

でも、変えないといけない、と強い覚悟を持って、選手との距離を縮めたのだと思う。その結果、チームの空気感も変わり、まとまりがより強くなっていたのだろう。

ただ、変わる前の姿は見ていないけれど、謙二郎さんももともとは楽しくやりたいタイプだと思う。選手やスタッフを、けっこうイジったりもしていた。

もちろん、チームの雰囲気を明るくするためだが、その点も自然と教育されていたのかもしれない。

春季キャンプではいつもチームで決まったホテルに泊まっていて、そこで昔から働いているおばさんに、「お前は謙二郎にそっくりだ」と言われたことがある。自分ではわからないけれど、声も行動も全部、似ていると。

そっくりかどうかは置いておいて、僕の性格をわかってもらっているというふうには感じていたし、それもすごくありがたいことだった。

監督と選手としてやっているときは、ほめられた記憶はない。

でも、一緒に食事に行った際に、信頼してもらっているのかなとか、もっと自分らしさを出してもいいのかなと感じられる会話はあった。僕の一方的な思い込みかもしれないけれど（笑）。

まだ僕がレギュラーになる前から、謙二郎さんが「菊池は言ったことがすぐできるんだ。あれは絶対に上がってくる。だから、あわてないで見てやってくれ」とトレーナーさんに言ってくれていたことを知ったときは、すごくうれしかった。

Carp

立場は変わったけれど、今もキャンプや試合にいらしたときには悪いことは悪いと言ってくれるし、一緒に談笑させてもらったり、飲みに連れていっていただいたりもしている。関係はまったく変わっていない。

なにかが変化したからといって、必ずしもそれまでに築いたものが壊れたり、なくなるわけではない。変わらないものもある。逆に同じことを続けていても、守ってきたものをずっと守り通せる保証があるわけでもない。

ときには、勇気を持って、自らを変えることも必要だ。

アドバイスは一度、引き出しに入れる

プロ野球の世界は1つのチームに何人もコーチがいるうえに、キャンプでは臨時コーチが来てくれることもあり、それぞれの観点から様々な助言をもらえる。

しかし当然、野球観は各々《おのおの》で異なるため、ときにはあのコーチはこう言っていたのに、こっちのコーチは反対のことを教えてくれたというようなケースも出てくる。きまじめな選手は、両方を取り入れようとして、混乱してしまうということが少なくない。

そのため、どのアドバイスが自分に合っているかを的確に判断して、合わないものは捨てていくというのが、今の主流の考え方のような気がする。

けれど、本当に野球を知らずにプロに入ってきた僕は、そういうやり方をしなかった。教わることすべてが新鮮で、いろいろなコーチの教えを頭の中の引き出しに次々としまっていった。

バッティング、守備、走塁、すべてのコーチから勉強させてもらい、数多くの引き出しを作ってもらって、今がある。

頭が混乱していた時期もあったけれど、僕は、「自分には合わないかな」とピンとこないものでも、記憶には残しておくようにしている。その場で「はい、わかりました」と言って、脳に一度、インプットする。

なぜなら、そのときには必要なくても、自分が先々変わっていく中で、マッチすることがあるかもしれないからだ。

実際、試行錯誤中だけでなく、普通に練習しているときなどでも、フッと思い出すことがある。

「あっ、この前、言っていたのは、こういうことなのかもしれない」

「二軍にいるとき、こんなことをやっていたな」

時間がたってから、ハマることがある。全部がためになる可能性があるから、最初から捨てたりはしない。引き出しはどれだけ作っておいてもいいと思う。要は、いつ、どの引き出しを開《あ》けるかだ。

先輩や仲間からのアドバイスを自分の基準で取捨選択するのは間違っていない。なんでも聞きすぎなのは良くない。

だが、違うなと感じたものも、頭の片隅にでも取っておいたほうがいい。それがいつか役に立つこともある。

転機を見極め、チャンスをつかむ

僕の右手首は、ほかの人より背屈《はいくつ》の動きに対する可動域が狭くなってしまっている。骨の一部が不自然に手の甲側に盛り上がるように出ているため、手首を返そうとすると、その骨が別の骨にぶつかってしまって、深く曲げられない。腕立て伏せもきちんとした形ではできない。そうした後遺症が残ってしまうほどのケガを経験している。

やってしまったのは、プロ入り2年目の13年春季キャンプ。場所は宮崎県日南市《にちなん》にある天福球場《てんぷく》。紅白戦でヒットを打って出塁したあと、ピッチャーの牽制《けんせい》に対してあわてて手から戻ったときに、痛めてしまった。戻りが遅かったため、すでにベースの前に一塁手のミットが置かれていて、それに当たった右手首が大きく曲がってしまう形になった。この日で日南キャンプが打ち上げだったので、病院に行ったのは、翌々日にオープン戦が組まれていた沖縄に移動してから。

正確な名称は忘れてしまったが、骨挫傷《こつざしょう》というか、激しい衝突によって骨が損傷してしまっていた。医者からは「これは、けっこうやばいよ」という話をされた。痛みもめちゃくちゃ強くて、動かさなくてもしんどかった。

でも、休もうとは少しも考えなかった。メディアへの発表も、「異常なし」にしてもらった。トレーナーさんにも、「誰にも言わないでください」と、お願いした。

かなり心配されたが、「大丈夫です。やります」の一辺倒で練習を続けさせてもらい、オープン戦にも出続けた。痛みに関しては、自分でできると思えばやる。ただし、このときはそれだけではなかった。

つかむなら、ここだ――。

キャンプMVPをもらって、レギュラーとして試合に出られるようになるかもしれないという状況だった。テーピングをグルグル巻きにして、痛み止めの薬も飲んでプレーした。

今、離脱したら先はない。痛みをこらえてでも、レギュラーをつかみ取りたい。やらなければいけないタイミングだと思った。自分の感性を信じて、疑わなかった。

右手首なので、スローイングは違和感が出た。でも、しばらくすれば、慣れていった。人間とは不思議なもので、だいたいのことには順応できる。美人は3日で飽きると言うけれど、逆に、片づいていない部屋にも、3日で慣れてしまう。それと一緒？（笑）。

しかし、プロに入ってから、あれ以上の転機は、ほかになかった。そのトレーナーさんとも、「あのときがいちばんのポイントだったね」と振り返ったことがある。

でも、トレーナーさんは僕がケガをしたとき、謙二郎さんには報告していたそうだ。内緒にしてほしいと伝えていたけれど、僕の動きがあまりにもおかしければ、「どうなっているんだ？」ということになるし、チームの足を引っ張りかねない。

トレーナーさんも立場上、監督の謙二郎さんには黙っているわけにはいかなかったというのは当然のことだ。

ただ、謙二郎さんはそのとき、「あいつができると言うなら、出させてやってくれ」という言い方をして、プレーすることを容認してくれた。

僕が野球人生をかけてやっているのを感じ取ってくれたんだと思う。

体重を一定に保つことで、コンディションをキープする

僕らアスリートにとって際立って大事な部分になるのが、コンディションを良好に維持することだ。

どんな仕事でも体調管理は大切だし、健康でなければいい仕事はできないと思うけれど、アスリートの場合はすぐに結果として影響が出てくる。

中でも、僕のように体の小さい選手は、人一倍、意識を高めておかないといけない。僕の中での最重要課題は、体重のキープ。体重が落ちると、必ずパフォーマンスも落ちる。球場では毎日、チェックして、ベストの72キロを常に保つようにしている。もともと食は太くないうえに、食べないとすぐに痩《や》せてしまうタイプ。練習をして家に帰ってきたら、すぐに1キロちょっと落ちてしまう。

夏場はとくに注意しなくてはいけない。デーゲームだったりすると、灼熱《しゃくねつ》の中で試合をして、それから夜ごはんといっても、なかなか箸《はし》が進まない。でも、そこは多少無理にでも食べるようにしている。

食事の量をたくさん摂《と》ろうと思えば、米と肉の組み合わせ。これはもう、最強コンビ。ただ、食べると言っても、人並み程度にしか食べられないけれど。

あとは、納豆や卵もよく食べる。栄養面を考えて野菜もバランス良く食べることは心がけているし、青汁も毎日、飲んでいる。

年齢を重ねていくと動けなくなるというのはまわりからすごく言われるので、以前よりは気をつかうようになった。

ただし、それはあくまでも二の次という位置づけ。とにかく体重を落とさないことを、大前提として考えている。

この点に関しては、とても繊細だ。体調で体重がどうなっているかがわかる。なにか調子が悪いなと感じるときは、ちょっと減っている。また、70キロぐらいまで落ちているときは、体を見て痩せてしまっているなとわかる。

夏場は毎年、苦労してきたけれど、16年は初めて体重をまったく落とさずに済んだ。食欲が減退することなく、しっかり食べられた。逆に、1キロ増えたほどだった。自分のバッティングも好調だったし、チームも1位を走っていて、雰囲気も良かった。そういうことも関係していたんだと思う。

17年も個人的な調子が悪かったわりには、チームが首位を快走していたおかげか、そこまで苦しまなかった。

それに、体がベストの状態を覚えてきたのかもしれない。オフは体重をまったくチェックしないし、バクバク食べて、太った分を自主トレ期間中に絞《しぼ》っていくという流れ。体を動かさなければ体重は増えるし、海外に行ったりするとハンバーガーを食べたり、けっこう不摂生《ふせっせい》にもなる。大幅に増えるわけではないけれど、3キロくらいは太る。

18年こそ違ったが、それをいくらか削って、キャンプには73、74キロで入る。そこからキャンプ、オープン戦が終わると、不思議と72キロ台になっている。

これは毎年、変わらない。絶対にそうなる。そして、シーズンではそのまま72キロ台を維持して戦う。

なにか問題がなければ、試合後のお風呂上がりにパッと体組成計《たいそせいけい》に乗ると、72キロ台が表示される。それを確認して、「ヨシッ、大丈夫だ」と。あとは、いかに夏場をうまく乗りきるかにかかってくる。

第1章で、腹を割って本音で話して相手を知るということの重要性について触れたけれど、自分の体の状態をきちんと知って、コントロールしていくことも、不可欠な要素だと考えている。

自己投資を怠《おこた》らない

体のことでさらに言えば、ケアの部分でもいろいろと考えるように変わってきた。

若いときは深く考えることなくやっていたけれど、体は正直だから、プロで6年もやっていれば、どこもまったく問題ないというわけにはいかない。

この章の冒頭でも記したように、変態というくらい野球中心の毎日を送っている。シーズン終了から自主トレ開始までの期間だけ、「やっと普通の世界に戻ってこられた」と、ホッとできる。そんなことを毎年繰り返していると、年を追うごとに、体を第一に考えないといけないなと思うようになってくる。

それで、寮を出て1人暮らしを始めたとき、ちょうど1つ部屋が余ったので、治療+トレーニングができるスペースにした。1人で生活する分には、寝室とリビングがあれば、もうそれで十分。トレーニング器具を置いて、知り合いに紹介してもらった、個人でつけているトレーナーさんの治療を受けるときは、そこでやってもらっている。

技術を磨くこと、フィジカルを鍛えることは当たり前として、それ以外でもプロとしてやるべきこと、できることはやっておきたい。

例えば、試合中にガムを噛《か》むこと。

僕は守備についているときは、よくガムを噛んでいる。効果は個人差があるだろうが、噛んでいると集中力が高まるときがある。それに体のどこかに故障を抱えているときは、噛んでいることで痛みがまぎれてくれたりもする。

ただ、見た目が悪いと感じている方もいて、中には「ガムはやめろ」と手紙を送ってくる方もいる。応援してくれる方、見ている方に不快な思いをさせるのはいいことではないけれど、あくまでプレーの質を高めるためにやっているということは伝えさせてもらえればと思う。

ロジンバック１つをとってもそう。守っているときはいつも、ズボンのポケットに入れている。スローイングミスの可能性を減らし、少しでも受け手が取りやすい球を投げたい。ちょっとしたことだとしても、いい効果が得られるなら、もしくはその可能性があるなら、やらずに後悔したくない。

個人でトレーナーをつけることも、同じ理由からだ。最近では、雇っている選手は決して珍しくなく、理解を示している球団も多いのに、カープはその点においては保守的なところがある。球団のトレーナーさんがどうこうではなく、別の考え方や知識を吸収したり、タイプの違う人に体を触ってもらうことで、気づけることも出てくる。遠征先で同じ宿舎に泊まって体のケアをしてもらって、ウォーミングアップも手伝ってもらう。それでパフォーマンスが向上するなら、球団にとってもいいはず。

気をつかって思いを口に出せない選手もいるけれど、僕はいいことはいい、違うことは違うと、はっきり言う。自分のエゴではなく、チームのためになることなら松田元《はじめ》オーナーにも、「これは、こうじゃないですか？」と言わせていただくこともある。正直な話をぶつけている。そこで遠慮しても、得にならない。

もちろん改まった席を用意してとかではなく、マツダスタジアムで偶然、顔を合わせたときや、春季キャンプにオーナーがいらっしゃったときなどに様々な話をさせていただいている。比較的、時間に余裕のあるキャンプでは、打撃練習でほかの選手が打っているときに、バッティングケージの後ろで長々と話し込んだりもする。

オーナーは現場を大切にしてくれる方で、早いうちから僕にも話しかけてくださったりして、その積み重ねで今は普通に会話をさせていただくようになった。世間話もするし、マツダスタジアムの内野の芝生部分をもう少し刈って土の部分を広げるかという相談もされて、僕の考えをお話しさせてもらったりもした。

チームの話も、よくする。内容によっては、監督でもなく、球団部長でもなく、オーナーに直接話したほうが伝わるのかなと思うものもある。オーナーといえども、すべてのことを見られるわけではない。チーム内部のことであったり、知らないところは絶対にある。

特別扱いしてもらっているわけではないし、僕のほうが選手として言いたいことを一方的に話しているという感じかもしれない。それでも、言ったことで良くなる部分が出てくる可能性もある。

古くからあるいいものも大切にしているけれど、時代とともに変わるべきところは変わったほうがいい。新しいことに対して動きが重いと、その分、ほかの球団に置いていかれてしまう。そこはチームとしての伸びしろでもあるわけで、球団と僕ら選手とで、いかにいい形を作っていけるのか。

これからカープがさらに強くなっていくための、１つの鍵《かぎ》になってくると思っている。

小さな選手でもプロ野球でやれることを証明する

第２章でもつづったように、こんなふうになりたいと目指している選手はいない。ただ、目標とかではなく、憧《あこが》れている選手はいる。

それがヒューストン・アストロズのホセ・アルトゥーヴェだ。

公称168センチと、メジャーリーグの現役選手で最も身長が低いと言われているものの、17年は通算3度目、2年連続となる首位打者に輝き、24本のホームランも放ってアメリカン・リーグMVPを獲得。史上5人目の4年連続200安打も達成しているスーパースター。

17年の第4回WBCに出場したあとは、それまでよりもメジャーリーグの中継を見るようになった。

向こうのポストシーズンも、日本での自分のシーズンが終わったことと、カープからロサンジェルス・ドジャースに移って活躍しているマエケンさんが出場していたこともあって、よく観戦した。

ワールドシリーズではドジャースとアストロズが顔を合わせ、アルトゥーヴェは第5戦に、マエケンさんから同点となる貴重な3ランを放っている。

オフにたまたまマエケンさんと会う機会があって、「アルトゥーヴェに打たれましたね」と話を振ると、「あいつはすげぇよ」と、やっぱり認めていた。ボストン・レッドソックスとの地区シリーズ第1戦では、1試合3ホーマーもマークしている。僕とはレベルが違う。あの体であんなに打球を飛ばすのかと、度肝を抜かれた。

実はアルトゥーヴェとは14年オフの日米野球で会っていて、バットを交換したことがある。僕よりも身長が低く、そのときは、「こんな小さい選手でも、メジャーでやれているんだ。もしかしたら、俺も行けるんじゃね？」などと思ったりもした。

真剣勝負ではなかったとはいえ、アメリカ代表との6試合の中ではＭＬＢ公式サイトで僕の守備を紹介してもらったり、バッティングでも21打数8安打と打つことができたところもあった。第4回ＷＢＣでも、メジャーリーグの関係者が高く評価しているという報道が出たりした。

アメリカに行って、国としての大きさも感じた。東京も高層ビルが建ち並んでいるが、向こうはさらに2ランク、3ランクも上。街としても、それ以上に栄《さか》えている。

球場のサイズもそう。ＷＢＣの準決勝を行ったドジャー・スタジアムは最大収容人数が約5万6０００人。ほかにも5万人超えの球場がいくつかある。人口も違うわけだが、それだけ、野球人気が高い。ボールパークと呼ばれるように、いろいろなアトラクションが楽しめるところもある。すべてにおいてスケールが大きいと感じたし、プレー以外のところでも刺激を受けられた。

そうしたことも含めて、正直に言えば、1人の野球選手としてメジャーリーグでやってみたいという思いがないわけではない。

行く、行かない。行ける、行けないは別として、野球をやっていたら、みんな興味は持っていると思う。

ただし、行ったところでパワーも勝てないし、体格もこんなにも違うのかというほど違う。ＷＢＣでも、僕らくらいの身長の選手が、外野席の後ろの看板にボコボコ当てる。「これは、すげぇバッティングだな」と驚かされた。印象の残る選手ばかりだったし、メジャーリーグのレベルの高さがよくわかった。もしメジャーリーグに行ったらどうなるかと想像したら、「これ、ダメだろ!?」と。

移動距離も日本の比ではないだけに相当しんどいだろうし、気候面の厳しさ、二塁ベース上での激しい当たりも予想される。肩の強さも、次元が違う。

憧れる場所ではあるし、憧れの選手と一緒にやってみたいというのも確かにあるけれど、そうやっていろいろと考えていくと、僕みたいな小兵が行ってなにができるのかなと思考は進まなくなる。

同じように体が小さい僕からすると、アルトゥーヴェのような選手はすごく興味があるし、憧れる。こんなに小さくても、これほどのプレーができるんだと思わせてくれる選手で、リスペクトもしている。

僕も日本で、体の大きくない中学生、高校生らアマチュア選手に、体が小さくてもできるんだというふうに思われたい。アルトゥーヴェをお手本にしている人もいれば、中には僕を参考にしてくれている人もいると思う。

僕も仁志敏久さんとか、（石井）琢朗さんとか、体が小さくても活躍していた選手を励《はげ》みに、今、こうしてプロ野球という同じ世界でやらせてもらえるようになった。まわりの選手はみんな体が大きいけれど、「小さくてもできる、負けない」という自信もある。

プロを目指す子ども、選手たちに、「小さくてもできるんだぞ！」というアピールはしたいと思って6年間やってきたつもりだし、そのメッセージは伝えられているんじゃないかなという自負も、少なからず持っている。

それは今後も意識して、プレーしていきたい。

3連覇へ、そして悲願の日本一の喜びを分かち合う

18年、カープは球団史上初となるリーグ3連覇に挑戦する。

プロという最高峰の舞台で勝ち続けるのは、本当に簡単なことではない。セ・リーグで巨人以外に3連覇をした球団は過去にないほどだ。

ほかの5球団は、「カープばかりに勝たせるわけにはいかない」と、徹底的にマークしてくるだろう。連覇に挑んだ17年は、「勝って当たり前」という雰囲気をスタンドからも感じた。3連覇を目指すとなれば、それはもっと大きなものになるかもしれない。

それでも勝っていかなければならない。

とくに僕は17年がいいシーズンだったとは言えないだけに、18年にかける思いを強く持っている。

17年はシーズン序盤から調子が上がらず、欠場した試合もあった。チームに貢献できていない試合もたくさんあり、ずっとモヤモヤした気持ちを抱えながらやっていた。

それでも前を打つ（田中）広輔、後ろを打つ丸、（鈴木）誠也、新井（貴浩）さん、マッちゃんら、まわりが頑張ってくれるから、自分は打てなくても、なんとか「つなぎの仕事」ができれば得点が入ると、切り替えてやることができた。みんなに助けられたシーズンで、優勝もさせてもらった。

ただ、やっぱり自分の仕事が十分にできなかった思いが強く、みんなには申し訳ないし、連覇しても、充実感は全然なかった。本当に苦しいシーズンだった。

3連覇に向けて、もっともっと貢献したい。

緒方孝市監督は多くを語らず背中で示す指揮官だが、いつもしっかり見てくれていて、要所では、「キツいかもしれんけど、こうしてくれ」と、気づかった言葉をくださる。プレー面でも、とくに守備は信頼してもらっていると感じる。

14年だったか、守備について話しているとき、「悪い。やっぱり、そのへんはお前のほうがわかっているな」と、尊重してくれる言葉もいただいた。だからこそ、ポイント、ポイントで、しっかりベンチの指示を確認して、常にそれにこたえられる準備をしている。

今のチームは、17年、開幕戦こそ負けたけれど、初勝利から引き分けを挟《はさ》んでの10連勝のほかにも、9連勝、7連勝、6連勝が1回ずつ。16年にも、誠也の連続サヨナラも含む3試合連続の決勝アーチなどで勢いに乗って、11連勝を記録。チーム状態がいいと、いつまでも勝ち続けるんじゃないかという雰囲気が作れる。そこは大きな強みだ。

1つ歯車が狂うとガタッといく面もまだあるが、全員の気持ちが同じ方向を向いてさえいれば止まらない。

またファンのみなさんとリーグ優勝の、さらに悲願の日本一の喜びを分かち合えるよう、チーム一丸で戦っていきたい！

Hiroshima
33

おわりに

まずは、最後まで読んでいただき、本当にありがとうございます！

数年前、丸（佳浩）との共著で半生を振り返るものや、当時の自分のセカンド守備などを語った本などを刊行させてもらった。でも、25年ぶりのカープの優勝、そして連覇を果たしてから、こうして、僕にとっての最新の技術論や考え方、メンタル術を詳細に披露《ひろう》するのは、本書が初めて。なにか1つでも、みなさんの心に残るものがあれば幸いです。

経験なども踏まえて過去から変わってきた、現在のありのままの僕について綴《つづ》ってみた。みなさんがいだいている菊池涼介像どおりのものもあれば、イメージとは異なる、あるいは新鮮に感じてもらう部分もあったかもしれない。それは、本文でも触れたように、僕自身が同じところに立ち止まらずに、変化、進化を求めてきたからかもしれない。

技術にしても、思考にしても、核となるものは、ある程度、できあがってきたが、これからも常識にとらわれることなく、悩む前に動いて答えをさがし、変わっていくのだと思う。その作業に終わりは訪れないだろうし、それまでの非常識が常識に変わったりもするのだから、大げさに言えば、いつも異次元を追求していると言えなくもない。

それを続けるのは簡単なことではない。しかし同時に楽しみでもあり、自らを成長させられる。だから、この先もポジティブに向き合っていきたいし、これまでにないプレーを見せられるかもしれない。それは第一にチームの勝利のためであるけれど、見てくれる方々や子どもたちが喜んでくれたり、胸が躍るようなものでもあったなら、ベターだと思う。

チームの進化の過程についてのことでは僕の主観による部分もあるので、チームメイトの中には違う感じ方をしている、考え方を持っている選手がいてもおかしくない。

ただ、「強くなりたい」「勝ちたい」という思いはみんなが持っていたはずだし、だからこそチームは変われたのだと思う。心があるから考えるし、アクションも起きてくる。

みんなの「勝ちたい」という気持ちがつながり、1つに固まっていき、強さが生まれた。

野球はチームスポーツだから、1人の力だけでは試合に勝てない。ミスも、誰だってする。でも、ミスでチームが劣勢の状況に置かれたとき、カバーできるようなプレーもできる。それが強いチームだ。組織という形態をとっているなら、どんなジャンルでも一緒だと思う。

仲間同士で助け合いができなければ、最後にいい結果を得ることはできない。

地元・広島で連勝スタートを切りながら4連敗を喫して日本一をのがした2016年、CSファイナルステージで横浜DeNAの勢いに飲み込まれて前年の雪辱《せつじょく》を果たす舞台にも立てなかった17年。リーグ連覇を成しとげたとはいえ、この2年間はそのことを改めて考えさせられるようなシーズンで、そこに立ち返ることで、僕自身もカープも、もっともっと前に進んでいけると確信している。

18年シーズン、まず個人的な目標は3季ぶりの全試合出場。そして守備でのエラーゼロ！3分の2という規定試合数をクリアしてセカンドでエラーなしだった選手は、長いプロ野球の歴史の中で1人もいないように本当に難しい。異次元の記録だが、目指すことをあきらめたくはない。そのためにも、体づくりには今まで以上にこだわった。

17年はWBCもあって早めの調整となったけれど、18年シーズン前のオフは時間もあり、優勝旅行後の12月末にアメリカのロサンジェルスで自主トレを行い、食事制限も取り入れた。その効果で体の軽さも感じられて、いい状態で春季キャンプに入っていけた。究極の領域「エラーゼロ」に、少しでも近づきたい。18年にできなくても、いつか達成したい。

そして、最大の目標は言うまでもなく、カープの日本一。最高の仲間と、最高のファンと一緒に、頂点まで駆け抜けるつもりだ。今後ともご声援のほど、よろしくお願い致します！

最後に、本書の刊行にあたり、ご協力をいただいたカープの方々や廣済堂出版の関係者、そして、本書を読んでくれた読者のみなさんに、改めて感謝申し上げます。

２０１８年3月

菊池涼介

打点	盗塁	盗塁刺	犠打	犠飛	四球	死球	三振	併殺打	打率	出塁率	長打率
12	4	2	25	1	6	1	42	5	.229	.254	.294
57	16	7	**50**	5	38	2	121	4	.247	.297	.374
58	23	10	43	5	24	3	79	9	.325	.352	.456
32	19	9	**49**	2	29(2)	2	92	7	.254	.292	.343
56	13	5	**23**	3	40	0	106	3	.315	.358	.432
56	8	7	**30**	1	32	1	107	9	.271	.311	.405
271	83	40	220	17	169	9	547	37	.280	.318	.395

遊撃

試合	刺殺	補殺	失策	併殺	守備率
9	9	13	0	4	1.000
11	13	16	1	3	.967
−	−	−	−	−	−
−	−	−	−	−	−
−	−	−	−	−	−
−	−	−	−	−	−
20	22	29	1	7	.981

タイトル

・**最多安打**:1回(2016年)

表彰

・**ベストナイン**:1回(二塁手部門／2017年)
・**ゴールデングラブ賞**:5回(二塁手部門／2013〜17年)
・**月間MVP**:2回(2014年6月、16年8月)

・**シーズン補殺日本プロ野球記録** 535(2014年／13年の自身の記録528を更新)
・**同一シーズン最多安打、最多犠打** 日本プロ野球史上初(2016年)
・**オールスターゲーム出場** 4回(2014〜17年)
・**WBC(ワールド・ベースボール・クラシック)日本代表** 1回(2017年)

#33

RYOSUKE KIKUCHI

Results 菊池涼介 年度別成績ほか

■年度別打撃成績(一軍) ※太字はリーグ最高、カッコ内は故意四球(敬遠)

年度	チーム	試合	打席	打数	得点	安打	二塁打	三塁打	本塁打	塁打
2012	広島	63	234	201	21	46	5	1	2	59
2013	広島	141	633	538	69	133	27	4	11	201
2014	広島	**144**	654	579	88	188	**39**	2	11	264
2015	広島	**143**	644	562	62	143	20	3	8	193
2016	広島	141	640	574	92	**181**	22	3	13	248
2017	広島	138	629	565	87	153	28	3	14	229
通算		770	3434	3019	419	844	141	16	59	1194

■年度別守備成績(一軍) ※太字はリーグ最高　☆は日本プロ野球記録

二塁

年度	試合	刺殺	補殺	失策	併殺	守備率
2012	56	118	176	9	28	.970
2013	**141**	**351**	**528**	**18**	**115**	.980
2014	**144**	359	**535**☆	12	**109**	.987
2015	**143**	324	**484**	10	81	.988
2016	**141**	**307**	**525**	4	**102**	**.995**
2017	138	281	407	5	**81**	**.993**
通算	763	1740	2655	58	516	.987

三塁

試合	刺殺	補殺	失策	併殺	守備率
1	0	0	0	0	1.000
―	―	―	―	―	―
―	―	―	―	―	―
―	―	―	―	―	―
―	―	―	―	―	―
―	―	―	―	―	―
1	0	0	0	0	1.000

主な個人記録

- **初出場**　2012年6月30日、対横浜DeNA8回戦(MAZDA Zoom-Zoomスタジアム広島)、5回裏に代打で出場
- **初打席**　同上、5回裏に藤井秀悟《しゅうご》からセカンドフライ
- **初先発出場**　2012年7月1日、対横浜DeNA9回戦(MAZDA Zoom-Zoomスタジアム広島)、7番・セカンドとして先発出場
- **初安打**　同上、5回裏に山本省吾《しょうご》からライト越え三塁打
- **初打点**　2012年7月3日、対阪神9回戦(坊《ぼ》っちゃんスタジアム)、9回表に榎田大樹《えのきだだいき》からレフト前タイムリー
- **初盗塁**　同上、9回表に二盗(投手・榎田大樹、捕手・小宮山《こみやま》慎二)
- **初本塁打**　2012年8月21日、対横浜DeNA15回戦(MAZDA Zoom-Zoomスタジアム広島)、1回表に三浦大輔からレフト越えソロ

菊池涼介（きくち りょうすけ）

1990年3月11日生まれ、東京都東大和《ひがしやまと》市出身。右投右打。身長171cm、体重72kg。背番号33。A型。武蔵《むさし》工業大学第二高校（現東京都市大学塩尻《しおじり》高校）ー中京学院大学ー広島（2012年〜）。小学2年生から野球を始め、6年生のときにはヤナセ野球連盟から日本代表に選抜され、国際親善試合に出場した。東海地区大学野球連盟岐阜学生リーグ所属の中京学院大学に進学後、2年時に三冠王、ベストナイン通算6回などで頭角を現す。11年秋のドラフトで広島から2位指名を受け、入団。ルーキーイヤーの12年は、6月に一軍昇格を果たすと、夏場以降には早くも二番セカンドの座を不動のものとする。13年に、528補殺の日本プロ野球記録を樹立。セカンドではセ・リーグ史上最年少（23歳7か月）でゴールデングラブ賞を受賞した（以降、17年まで5年連続受賞）。14年には、自らが持つ補殺記録を535にまで更新する。17年はWBC（ワールド・ベースボール・クラシック）日本代表に選出され、日本の全7試合に出場した。続くペナントレースでも、超人的な守備や好判断を生かした走塁、巧打などでファンを魅了する一方、最多犠打も4度目（13、15〜17年）を数え、広島のセントラル・リーグ連覇に大いに貢献。初のベストナインにも輝き、リーグ3連覇と84年以来となる日本一を目指し、チームを牽引《けんいん》し続けている。

Professional Bible

異次元へ

型破りの守備・攻撃&メンタル追求バイブル

2018年4月15日　第1版第1刷

著者……菊池涼介

協力……株式会社広島東洋カープ
株式会社SFIDA
企画・プロデュース……寺崎江月(株式会社no.1)
構成……鷲崎文彦
撮影……石川耕三(ユニフォーム写真)　佐藤基広(私服写真)
写真提供……産経新聞社(P21、P25、P37、P125、P135、P157、P177、P199、P205、P235)
日刊スポーツ新聞社(P5上下、P63、P111)　スポーツニッポン新聞社(P225)
共同通信社(P218)　Getty Images(P169)
ブックデザイン……木村典子・桐野太志(Balcony)
ブックデザイン協力……南千賀　有限会社デザインコンプレックス
DTP……株式会社三協美術
編集協力……長岡伸治(株式会社プリンシパル)　根本明　松本恵
編集……岩崎隆宏(廣済堂出版)

発行者……後藤高志
発行所……株式会社廣済堂出版
〒101-0052 東京都千代田区神田小川町2-3-13 M&Cビル7F
電話　編集03-6703-0964/販売 03-6703-0962
FAX　販売03-6703-0963
振替　00180-0-164137
URL　http://www.kosaido-pub.co.jp
印刷所・製本所……株式会社廣済堂

ISBN978-4-331-52155-7 C0075

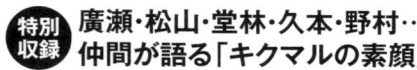

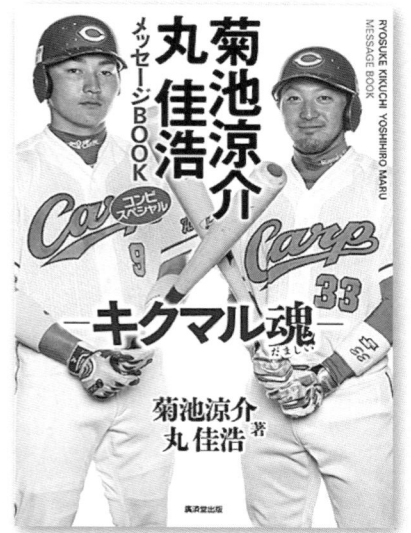

廣済堂出版の野球関連書籍　好評既刊

メッセージBOOK シリーズ

野村祐輔 メッセージBOOK
—未来を描く—

野村祐輔 著

「なりたい自分」をイメージして実現する——。
栄光と苦闘の野球人生、投球術、優勝の裏側、交友関係、
プライベート、あえて作った趣味に、私服姿など貴重写真！

特別収録 **新井・大瀬良・一岡・田中・安部・石原…**
仲間が語る「野村祐輔の素顔」

大瀬良大地 メッセージBOOK
—大地を拓《ひら》く—

大瀬良大地 著

たとえ困難の道だとしても、自らの可能性を開拓する——。
少年期、ドラフトの裏側、先発と中継ぎ、涙の真実、家族、
「カピバラ」秘話、私生活、未来。私服姿写真なども大収録。

特別収録 **前田・菊池・丸・一岡・田中・石原…**
仲間が語る「大瀬良大地の素顔」

プロフェッショナルバイブル シリーズ

コントロールする力
心と技の精度アップバイブル

杉内俊哉 著

プロフェッショナルだけが知る神髄を初公開。
精神力とスキルを高めていく新思考法、
栄光の背番号18番を背負う生き方とは？
究極の投球論、メンタル面のヒントも満載。

「不利な要素を逆手に取る」「逃げ道を作ることは悪くない」
「最終的な1番を目指す」「必要とされているかを判断する」ほか